Paul Stein
Gutenberg
Band 2

AF141812

SEVERUS Verlag

Stein, Paul: Gutenberg Band 2. Ein kulturhistorischer Roman. 2018
Neuauflage der Ausgabe von 1861
ISBN: 978-3-96345-042-6

Korrektorat: Sariya Sloan
Satz: Sariya Sloan

Umschlaggestaltung: Annelie Lamers, SEVERUS Verlag
Umschlagmotiv: www.pixabay.com

Bibliografische Information der Deutschen Nationalbibliothek: Die
Deutsche Nationalbibliothek verzeichnet diese Publikation in der
Deutschen Nationalbibliografie; detaillierte bibliografische Daten
sind im Internet über https://dnb.de abrufbar.

Der SEVERUS Verlag ist ein Imprint der Bedey & Thoms Media GmbH,
Hermannstal 119k, 22119 Hamburg

SEVERUS Verlag, 2018
http://www.severus-verlag.de
Gedruckt in Deutschland

Paul Stein

Gutenberg
Band 2
Ein kulturhistorischer Roman

Inhalt

1.

Jede Zeitperiode hat ihre gemeinsamen Bedürfnisse und Anforderungen, trägt also auch gemeinsame Gedanken und Gesinnungen in sich, was hinwiederum in gemeinsamen Bestrebungen sich kundgibt. So drängte seit dem Wiedererwachen der griechischen und römischen Kultur das Bedürfnis nach freierem und leichterem Ideenaustausche zu der großen Erfindung Gutenbergs hin, die schrankenlos jedem Wissen die Bahn zu öffnen versprach. Das Zeitalter eines Dante, eines Petrarca, eines Wycklieffs[1] und anderer großen Geister blitzte mit zündenden Funken in die Dunkelheit, welche die Barbarei roher Völker über die Denkmale des klassischen Altertums ausgebreitet hatte. Italien, das einst die hellenische Bildung in sich ausgenommen und mit sich zu Grabe getragen, wurde nach Jahrhunderten wieder die Wiege der Wissenschaft und Kunst, die aus den Trümmern der alten Herrlichkeit zu einem neuen Leben erwachten, dessen göttlicher Atem, wie die Morgenfrische nach dunkler, schwüler Nacht, das Nahen des Tages verkündete. Allein sein goldenes, erwärmendes Licht blieb hinter hemmenden Wolken verborgen, und die schöne Blüte entwickelte sich nicht zu der nährenden Frucht, die in ihrem Keime lag. Mühsam, oft von den Wirren der Zeit unterbrochen, selbst teilweise wieder von ihnen vernichtet, schritt die allgemeine Kultur nur langsam vorwärts und wollte, besonders in Deutschland, zu keiner segenbringen-

---

1   Anm. d. Verlags: gemeint ist vermutlich John Wyclif.

den Entwicklung kommen. Die politische Zerrissenheit unseres Vaterlandes, wie seine kirchlichen Verhältnisse: der ewige Hader zwischen den Bedürfnissen des Volkes und den Ansprüchen des Adels, wie der Herrschsucht Roms, drückten den Sinn für das Schöne und Erhabene nieder und wirkten lähmend auf den Fortschritt des gesamten Lebens ein. Die Wissenschaft geriet auf Abwege, der Kunst mangelte die ruhige, bleibende Stätte, ängstlich verkroch sich die Gelehrsamkeit in das einsame Studierzimmer, oder wurde als Monopol des Klerus hinter Klostermauern verwahrt und dort nur in einseitiger Weise gepflegt.

In Italien und dem damals so blühenden burgundischen Reiche, besonders in Flandern und Holland, kamen Künste und Wissenschaften unter der Huld liberaler Fürsten zu schnellerem Gedeihen. Die ersten großen Akademien entstanden und in diesen Pflanzschulen des Wissens wurde auf den Überresten des klassischen Altertums eine neue Bildung angestrebt. Die Übersetzungen der griechischen und römischen Schriftsteller mehrten sich; Forschung und Erkenntnis strebten nach Vereinigung. Neue Ansichten tauchten auf, – schöne Kunstwerke entstanden, und dieses bessere Streben weckte bald auch anderwärts das Verlangen nach gleichem Gute. Man stiftete Universitäten und die Zahl ihrer Lehrer und Schüler stieg zu einer Höhe, die fast an das Unglaubliche grenzt. Dennoch drang das geistige Aufstreben nicht in das Volk ein. Es blieb eine abgesonderte Sache und konnte deshalb auch in sich selbst die Stufe der Entwicklung nicht erlangen, welche allein bei allgemeinem Anteil, bei dem in das Mark und Blut der Gesamtheit übergehenden Verständnis möglich ist. Noch zog nur wie eine unklare Ahnung das Verlangen nach freierer Geistesentwicklung und der damit verbundenen höheren Kultur durch die Atmosphäre der Zeit und weckte das Bedürfnis nach Mitteilung, nach Annäherung der

4

geschiedenen Elemente und somit den Wunsch nach leichterem Ideenaustausche: nach Vervielfältigung von Buch und Schrift. Die Schreiber, welche die Klosterbibliotheken mit ihren mühsamen Arbeiten vermehrten und meistens nur kirchliche Werke anfertigten, waren dem Gesamtleben von keinem Nutzen; kaum etwas mehr waren es die öffentlichen Schreiber, die zum nötigsten, schriftlichen Austausche, zu Gerichtsakten und dergleichen gebraucht wurden. Was die Schönschreiber außerhalb der Klöster lieferten genügte nicht einmal für die Bibliotheken reicher Herren und die Bücherbedürfnisse der Universitäten. Das allgemein sich regende Verlangen nach freiem und leichtem Gedankenaustausche konnte deshalb auch keine Befriedigung finden, was unstreitig dazu beitrug, die Gärung dieser Zeitperiode gefährlich anzuschwellen und zu einer blutigen Krisis hinzudrängen.

Das Lehn- und Ritterwesen hatte sich abgelebt, das Faustrecht war seinem Ende nahe, und die Morgendämmerung geklärterer Ansichten drang unaufhaltsam durch die Gedankennacht langer Jahrhunderte. Ein lauter und geheimer Kampf zwischen den alten und neuen Mächten erschütterte die Gemüter und rang mit der alten Ordnung oder Unordnung der Dinge um den Sieg. Es entbrannte blutiger Streit um Gewissenszwang und Glaubensfreiheit, um veraltete Rechte und neue Ansprüche, während ein Suchen nach Wahrheit in Wort und Schrift sich kund machen wollte, und ein stiller Kampf begann den die Forschung unterstützte und der im Verein mit der friedlichen Arbeit einen Weg des Heils aus diesen Wirrnissen herauszufinden suchte.

In diese Zeit fielen die ersten Versuche der Vervielfältigung von Bild und Schrift mit Hilfe der Xylographie. Doch waren es vorerst nur Heiligenbilder mit kleinen Sprüchen oder einigen erläuternden Worten, die auf diese Weise entstanden und man kann sie kaum die ersten rohen Vorläufer der Buchdruckerkunst nennen. Am Rhein, hauptsächlich aber in den Niederlanden, machte sich zuerst die Kunst, vermittelst eines Reibers Bilder und Buchstaben von Holztafeln aus Papier oder Pergament abzudrucken, bemerklich und erregte im Anfange des fünfzehnten Jahrhunderts einiges Aufsehen. Doch blieb es noch längere Zeit eine sehr unvollkommene Sache; was in Holland, namentlich in Haarlem darin zu Stande kam, und uns in einzelnen Denkmalen aufbewahrt blieb, zeigt das meiste Geschick und die frühzeitigste Ausübung.

Es liegt wohl außer Zweifel, dass diese erste rohe Form des Druckverfahrens Gutenbergs Aufmerksamkeit in hohem Grade fesselte, da nach allem, was aus seinem Leben bekannt ist, hervorgeht, dass, was nur annähernd seiner großen Idee Vorschub zu leisten versprach, mit Eifer und beispielloser Ausdauer von ihm verfolgt wurde. Seine Geschicklichkeit in mechanischen Arbeiten ist umso mehr ein Beweis dafür, als es ihm, dem Sohne eines adeligen Hauses recht schwer werden musste, sich diese zu erwerben, besonders in einer Stadt, wo die Gewerbetreibenden den Patriziern so feindlich gegenüber standen, und in einer Familie, deren Häupter bei allen städtischen Streitigkeiten an der Spitze der Adelspartei sich befanden. Daraus entsprang vielleicht mehr noch die ängstliche Geheimhaltung, mit welcher Gutenberg seine Arbeiten hütete, als aus der Sorge um den einstigen Gewinn derselben, oder aus dem Ehrgeize, der alleinige Erfinder genannt zu werden, denn Bescheidenheit und Uneigennützigkeit waren Grundzüge seines Charakters und es ist wohl anzunehmen, dass dasjenige, was er von früher Jugend an, durch die Vorurteile seines Standes gezwungen, geheim halten musste, von ihm auch in späterem Lebensalter mit ängstlicher Sorgfalt vor jedem profanen Auge gehütet wurde und so eine Ursache mit wurde, von seinem langen, mühsamen und geheimnisvollen Schaffen, in das andere einzuweihen ihn nur die äußerste Notwendigkeit bringen konnte. In den langen Perioden, in denen auch die sorgfältigste Forschung von des großen Mannes Leben nichts entdecken konnte, muss die Phantasie an die einzelnen Punkte, welche aus diesen Zwischenräumen hervorragen, sich stützen, sie als Leitstern benützen und sie auszufüllen streben, indem sie den wahrscheinlichsten Vermutungen sich unterordnet und im Vereine mit ihnen in romantischer Gestaltung ein Bild der Zeit zu vergegenwärtigen strebt, in dessen Rahmen auch der Mann lebte, der durch seine Erfindung der Welt eine andere Gestalt gab, und der nie sich selbst, nur Gott allein die Ehre davon zuerkannte, und in dieser bescheidenen Größe von seiner Mitwelt misshandelt und durch Jahrhunderte fast vergessen ward, bis die fortschreitende Zivilisation ihn als ihren Schöpfer anerkannte, die ausgleichende Geschichte ihn als einen ihrer größten Männer pries, und die dankbare Nachwelt ihn auf den Thron ihrer Götter erhob.

Doch greifen wir unserer Erzählung nicht vor, verfolgen wir weiter mit dem Auge der Phantasie den Lebensweg Gutenbergs; schauen wir gleich damit durch das bunte Glas romantischer Färbung, – geht seine ernste Gestalt, gehalten von der geschichtlichen Wahrheit, auch darin nur dem einen Ziele entgegen, das ahnend schon seine Kinderseele erfüllte.

Unmöglich konnte der mächtige Gedanke, der Gutenberg auf den Weg der Arbeit und Forschung trieb, ihn lange in der kleinen Stadt Eltville dulden, es drängt sich vielmehr die Wahrscheinlichkeit auf, dass er den bedeutenden Zeitraum, welcher zwischen der Vertreibung der Patrizier aus Mainz und seinem Wiederauftauchen in Straßburg liegt, dazu benutzte, die Welt kennen zu lernen und größere Kenntnisse und mechanische Fertigkeiten sich zu erwerben. Da sein Name, wenn auch unbestimmt und in gehässiger Weise in der Haarlemer Buchdruckergeschichte auftaucht, lässt sich wohl nicht mit Unrecht die Vermutung aufstellen, dass er einige Zeit dort gelebt und sich mit der durch Lorenz Küster betriebenen Xylographie und der damit verbundenen, sogenannten Briefdruckerei beschäftigt habe, ebenso liegt es sehr nahe, dass er die mechanischen Fertigkeiten, mit denen er sich in Straßburg seinen Lebensunterhalt erwarb, nur bei einem längeren Aufenthalt an Orten, wo diese in Flor standen, erlernt haben konnte.

Im ersten Teile dieser Erzählung begleiteten wir ihn bis an die Grenzen seiner Heimat. Dort trennte sich, wie wir müssen, Kuno von ihm, und so hoffnungsvoll auch des Echos Verheißung in Angelo Brust nachhallte, blieb er mit dem Berge und seinem grauen Turme verschwunden, wo ihn Johanns Auge zuletzt erblickt hatte.

Antonio schlug den Weg nach Antwerpen ein, die beabsichtigten Geschäfte dort möglichst schnell zu betreiben und dann wieder nach dem Süden zu ziehen. Gutenberg wanderte gen Nordholland, die Stadt zu erreichen, in der die neue Kunst, welche ihn ganz ausschließend interessierte, schon viel weiter gediehen sein sollte als in seiner Heimat. Auf den Rat Antonios, dem er jedoch nichts Bestimmtes über seine Pläne mitgeteilt hatte, vertauschte er die Kleidung seines Standes mit der eines wandernden Gesellen, und auch Lorenz, der ihn als angeblicher Verwandter begleitete, suchte sein Schifferhabit dem seines Herrn möglichst ähnlich zu machen. So wanderten sie durch die feuchten Ebenen Hollands und kamen nach einigen anstrengenden Tagemärschen müde in Haarlem an. Die fremde Stadt, deren Sprache Gutenberg nur annähernd aus bekannten Lauten verstand, brachte ihn anfangs zu keinem raschen Handeln. Ein Gefühl von Heimweh beschlich ihn. Die gewohnte Umgebung, die sorgende Mutter, der gute alte Lehrer und Katharina holdes Bild wollten ihn den Weg zurückziehen, den er gekommen; dabei traten die ersten unbekannten Tagessorgen an ihn heran. Seine Barschaft ging zu Ende und er sah ein, dass er schon in der nächsten Zeit seinen Lebensunterhalt erwerben müsse, wolle er nicht in Not geraten. Botschaft in die ferne Heimat zu senden war eine langwierige Sache, dann auch wollte er, vorerst wenigstens, keine Hilfe von dort verlangen, da er gegen den Willen seines Vaters und Bruders in die Welt gezogen war. Allein es fiel ihm schwerer, als er gedacht, sein Fortkommen zu finden, denn obgleich er viele mechanische Geschicklichkeiten besaß, hatte er eben doch kein bestimmtes Gewerbe erlernt, und zudem wollte er in Haarlem nur das *eine* erlernen: tiefere Einsicht in die Briefdruckerkunst. Doch dies zeigte sich ihm bald als eine fast unmögliche Sache, denn gerade dieser Zweig der Arbeit wurde noch sehr geheim gehalten und nur Wenige besaßen Geschicklichkeit darin. Von diesen war Lorenz der Küster derjenige, der die besten Sachen lieferte. Derselbe, den ihm in der Eberbacher Abtei der niederländische Maler genannt, und dessen Geschicklichkeit ihn hauptsächlich nach dem Norden Hollands gezogen hatte. Doch gerade dieser Mann schien unzugänglich. So oft er auch an seine Türe anpochte, immer wurde ihm ein kurzer, abweisender Bescheid. Der Küster arbeitete allein, – noch hatte er niemand vergönnt, sein Schaffen zu belausche, noch es über sich gewinnen können, durch Hilfe dasselbe sich zu erleichtern und sein Geschäft auszudehnen. Was aus seinem Hause in die Welt herauskam war das Werk seiner Hände, und eifersüchtig auf seine Geschicklichkeit, ehrgeizig auf seinen Ruhm, wollte er beides für sich allein behalten. Wohl sah er die pekuniären Vorteile ein, die ein ausgedehntes Geschäft für ihn haben würden, auch war es nicht sein Wille, dass seine Kunst mit ihm zu Grabe gehen sollte, dennoch hatte er sich bis jetzt nicht entschließen können, fremde Menschen in sein Geheimnis einzuweihen. Er fürchtete Verrat an der Sache, und mit dem Wissen auch den Vorteil hinzugeben. Drum klopfte der deutsche Geselle vergeblich an seine Türe, und Gutenberg, so sehr ihn auch das Verlangen trieb, den Küster und seine Arbeiten näher kennen zu lernen, gab endlich missmutig fernere Versuche auf. Nun aber blieb ihm nichts übrig, als entweder weiter zu wandern, ein fahrender Schüler – ähnlich dem fahrenden Spielmann oder in irgendein Gewerbe als Geselle einzutreten, um für sich und Lorenz Brot zu verdienen. Beides sagte ihm nicht zu und unschlüssig über seine nächsten Schritte wandelte er eines Tages vor den Toren Haarlems, als ein bekannter Ton aus einem nahen Gehölze an sein Ohr drang. Es war ein deutsches Lied aus Kunos Mund. Nach wenigen Minuten drückten sich die Reisegefährten die Hände, froh, sich wieder zusammen gefunden zu haben.

Der fahrende Spielmann sah jetzt seinem Freunde viel ähnlicher, als wie sie miteinander den Rhein herunter fuhren. Er trug gleich ihm ein einfaches bürgerliches Kleid, auch seine Züge drückten mehr Ruhe und Stetigkeit aus, – seine Stirn erschien heller, minder tief gefurcht, – es war, als ob ein frischer Jugendhauch über sie hingeweht habe.

»Mein Instrument, meine bunten Lappen, meine tollen und schwermütigen Launen habe ich einstweilen in den Bergen des Rheines zur Ruhe gelegt«, sagte er zu Gutenberg, als sie Arm in Arm der Stadt zuwanderten; »und will nun sehen, ob ein anderes Leben mir noch schmeckt, will eine Zeit lang an Eurer Seite bleiben und versuchen, auf Eure Weise die Welt zu betrachten, will mit Euch ein Stück Leben durchleben, mit Euch wandern, wenn Ihr weiter zieht, oder Euch doch folgen bis – nun ja, bis an das adriatische Meer, so es Euch gelüsten sollte, in seinem heiteren Spiegel Euer ernstes Bild zu schauen.«

»Es soll Euch nicht gereuen, Freund Kuno«, erwiderte Gutenberg mit Wärme. »Solch tolle Wanderschaften, wie Eure seitherigen, heilen kein krankes Gemüt. Ein solches gesundet am ehesten in ruhiger, friedlicher Arbeit.«

Kuno schüttelte sein Haupt und sagte:

»So meint Ihr, weil noch kein wilder Sturm über Euer Leben gegangen und seine innersten Fasern zerstört hat. Noch ist es mir, ich könne nicht mehr gefunden, nur untergehen; – doch seit ich Euch gefunden, möchte ich es so nicht, wie seither, möchte im Untergange dem besseren Geiste, der in mir fortgelebt, mehr Rechnung tragen, möchte dem, was vor meinem wie vor Eurem innern Auge steht, treuer dienen. Doch«, fuhr er erregter fort, »mir ist's, wir Beide hätten die rechte Bahn noch nicht gefunden, wir müssten sie erst suchen, und dabei müsste ein Schwert in unserer Hand blitzen, ein Schwert, das Funken sprühte, welche die Welt so hell erleuchten sollten, wie jene getan, die grausig prasselnd aus Hus' Scheiterhaufen über sie hingefahren.«

»Blut löscht ihre Helle wieder aus«, fiel Gutenberg ein. »Leichter wohl ist es, mit dem Schwerte für eine Sache fechten, als in mühevoller Arbeit ihr dienen und an einem Tempel aufbauen helfen, der langsam emporsteigt, dessen Altar aber nimmer gestürzt werden kann. Das ist mein Weg. Ich suche ihn zu finden, durch Arbeit und Forschung, und habe vorerst mein ritterliches Schwert und die güldene Kette, die Abzeichen meines Standes, bei Seite gelegt; – Ihr tatet dasselbe mit der wunderlichen Kleidung Eures unklaren, abenteuerlichen Gewerbes. So kommt denn und lasst uns gemeinschaftlich versuchen, in ruhigem Schaffen und in friedlicher Weise eine höhere Lebensbefriedigung zu erlangen.«

Und die glaubt Ihr in dem gewerblichen Treiben dieses egoistischen kalten Hollands zu finden?«, fragte Kuno verwundert.

»Ob hier oder anderwärts meine Kenntnisse sich vergrößern und mit diesen mein inneres Glück, gilt gleich. In der Arbeit allein liegt die unversiegbare Kraft, die den Fortschritt alles menschlichen Wissens bedingt, denn sie ist es, die dem Gedanken erst das reelle Dasein gibt, die Idee verkörpert und so das Wollen des Geistes zum Segen der Menschheit gestaltet. Drum, Freund, greifen wir mutig und freudig zur Arbeit. Das Werk der Hände ist des Geistes Kind und zugleich die Leiter, auf der er von Stufe zu Stufe zu lichter Höhe gelangt, wo der Blick sich erweitert und immer mehr von Erde und Himmel umfasst.«

Kuno schwieg von Gutenbergs Wort und Ton bezwungen; er empfand die höhere Weihe, die in seines jungen Freundes Wesen lag, und unterordnete sich demselben unwillkürlich. Weder seine vielseitigeren Lebenserfahrungen, noch seine tiefere Kenntnis der Menschen, selbst nicht sein Wissen, das durch die gelehrte Bildung seiner Jugend, die seine Mutter mit außergewöhnlichem Verständnis geleitet, größer war als das Gutenbergs, sträubte sich dagegen. Die Nähe desselben brachte seinem kranken, zerstörtem Gemüte eine Empfindung wiederkehrender Gesundheit, und wie frisches Leben regte es sich in ihm. Die Vergangenheit mit ihrem Glücke, ihrem Schmerz und – ihren Sünden beunruhigte ihn weniger, und ohne viel darüber nachzudenken, beschloss er, einige Zeit unbedingt dem Jünglinge zu folgen, der durch seine Teilnahme sein gesunkenes Vertrauen zu der Welt und sich selbst wieder in ihm wachgerufen. Schweigend, jeder mit seinen Gedanken beschäftigt, traten sie in die Stadt ein, wo Lorenz ihnen gleichsam als Wegweiser zu der unansehnlichen Herberge voranging, in welcher Gutenberg sein bescheidenes Unterkommen gefunden hatte.

Haarlem war damals wie heutzutage der Hauptort eines Bezirkes von Nordholland, doch bedeutender durch Handel und Reichtum. Zwar waren seine Straßen noch nicht so schön mit Bäumen besetzt und seine Kanäle nicht so sauber und regelmäßig, allein auf beiden zeigte sich ein regeres Leben und die Menschen, welche hier einander begegneten, sahen alle äußerst wohlbehäbig aus und glänzten so weiß und freundlich, als müssten sie die Sonne ersetzen, die der Nebel der Nordsee ihnen so häufig verbarg. Der Sparren, welcher durch die Stadt fließt und Haarlem mit Amsterdam verbindet, trug zur Zeit dieser Erzählung viele schwer befrachtete Schiffe hin und her und es schien ein recht hübsches Teil von dem Reichtume der mächtigsten Handelsstadt Hollands dem kleinen Nachbarorte zuzufließen. Schöne Häuser standen in blanker Reihe den Kanälen entlang, Kirchen und öffentliche Gebäude schmückten die freien Plätze und über alle ragte majestätisch der hohe Turm der Parochialkirche, welche durch ihren Umfang und ihre Bauart das interessanteste Gebäude Haarlems war.

Nicht weit davon entfernt stand das Haus des Küsters dieser Kirche, stattlich und blank, wie frisch gewaschen in seiner rötlichen Steinfarbe und der Reihe kleiner Fenster, deren Bleieinfassung silberhell blinkte. Hinter einigen der Fenster sah man gemalte Töpfe mit hübschen Pflanzen und Blumen, doch selten drängte sich ein freundliches Angesicht zwischen ihnen durch, um auf die Straße zu spähen, was im Verein mit der stets verschlossenen Türe dem Hause ein stilles, fast geheimnisvolles Aussehen gab.

Auch im Innern regte sich, wie man zu sagen pflegt, kein Mäuschen. Die blanken, weißgefegten Dielen schienen nur mit weichen Sohlen überschritten zu werden, und ein unsichtbarer Geist jedes Stäubchen von den Hausgeräten ferne zu halten; doch dem war nicht so – der ordnende und sorgende Geist in dem Haushalte des berühmten Küsters von Haarlem war nichts weniger als ein ätherisches Wesen. Es war eine dralle Magd mit vollen Formen, lebhaften Augen und runden, roten Wangen. Übrigens und trotzdem in den meisten Dingen mit jener phlegmatischen Ruhe begabt, die ihre Landsleute charakterisiert, und die ihr kräftiges Naturell den Eigenheiten und Wünschen ihres launigen Herrn fügbar machte. Seit einigen Tagen jedoch sprach sich eine ganz ungewöhnliche Ungeduld in ihren Zügen aus, welche die Unbedeutenheit derselben hob und ihren Augen einen besonderen Glanz verlieh, was ihre Erscheinung recht ansprechend machte. Man konnte Dorte jedoch auch ohne diese Zutaten eine hübsche, stattliche Person nennen, die ganz geeignet erschien, dem Haushalte eines Witwers vorzustehen und sich auf die Stufe einer höher gestellten Dienerin zu schwingen. Dies war nun auch der Magd des Küsters schon längst gelungen. Den kleinen Eigenschaften ihres Herrn sich fügend hatte sie in größeren Dingen die Herrschaft sich zu erringen gewusst, doch gutmütig von Natur war sie auch zugleich die mütterliche Pflegerin seines jüngsten Kindes geworden.

Die Beschäftigung, welche seit einer Reihe von Jahren den Küster neben seinem Amte in Anspruch nahm, ließ ihn den Tod seines Weibes kaum empfinden und im Vereine mit Dortens Sorge auch keine Nachwehen desselben. Manchmal freilich wurde es der Magd, die noch in jugendlichem Lebensalter stand, in dem stillen Hause zu einsam, allein Gewohnheit und andere Annehmlichkeiten ließen sie diesen Umstand verschmerzen; dann auch beschäftigten sie, wenn sie einsam in der hinteren Stube am Spinnrocken saß, allerlei Pläne, welche die langen Stunden des Alleinseins ihr kürzen halfen. Und dieser Stunden gab's immer mehr, je älter des Küsters Töchterlein wurde, denn Marianne fing an, kindliches Spiel und Geplauder einzustellen und tagelang neben dem Vater zu sitzen und seine Beschäftigungen nachzuahmen. Das war nun gar nicht nach Dortens Geschmack – aber was war zu machen? Das

Kind, gewohnt, seinem Sinne zu gehorchen, worin sie selbst es bestärkt hatte, lauschte ihren Ermahnungen zwar mit einem sanften Lächeln, befolgte sie aber nicht.

Dass es im Hause bald anders werden müsse war Dortens entschiedene Meinung; nur das Wann und Wie machte ihr Skrupel. Da pochte Gutenberg, als wandernder Geselle, der Beschäftigung sucht, an die Türe des abgeschlossenen Hauses, und seitdem verließ sie der Gedanke nicht mehr, dass ihr Herr seine einträgliche Erfindung mehr als Geschäft betreiben und dasselbe ausdehnen müsse. Was er in langsamer Arbeit zu Stande brachte und ihm gut bezahlt wurde, konnte durch Gehilfen eine Quelle großen Reichtums werden. Mit der Ausdehnung des Geschäftes kehrte dann auch unterhaltenderes Leben im Hause ein und manches konnte leichter zu Stande kommen, was Dorte im Geheimen für Marianne und sich wünschte. Allein es gelang ihr nicht, sich mit Gutenberg noch ihrem Herrn zu verständigen. Der Eine war ihr zu ernsthaft – verstand sie doch kaum seine Sprache, der andere zu heftig und misstrauisch, sobald es sich darum handelte, ein fremdes Auge in sein Geheimnis eindringen zu lassen. Da klopfte ein zweiter Geselle am Hause des Küsters an, und mit ihm hatte sich Dorte schnell befreundet. Sein Anliegen, das er ihr gar heiter und gesprächig vorbrachte, nämlich: mit seinem Kameraden in die Dienste ihres Herrn zu treten, fand sogleich ihren entschiedenen Beifall und zwar in einem Grade, dass dem an Ruhe gewöhnten Küster nur wenige Stunden noch wurden, in denen seine Haushalterin ihm nicht die Vorteile vorführte, die treue und wackere Gehilfen bringen würden.

In der hellsten Stube seines Hauses finden wir den Küster beschäftigt, Figuren und Buchstaben in Holzplatten einzuschneiden. Er saß an einem großen, viereckigen Tische und blickte nicht einen Augenblick von seiner Arbeit auf. Ihm gegenüber befand sich ein junges Mädchen und trieb spielend dieselbe Arbeit. Nachdem sie einige Linien eingeschnitten, bestrich sie dieselben mit Farben, welche in kleinen Töpfen umherstanden, legte Papierstreifen darauf und rieb mit ihren feinen, weißen Fingern darüber hin. Drückte sich dadurch irgendeine bestimmte Form deutlich ab, lächelte sie still vor sich hin und sah dann ihren Vater an, als wolle sie ihr Werk ihm zeigen. Doch schien es, als wage sie nicht, ihn zu stören, denn kein Laut kam aus ihrem Munde. Von Zeit zu Zeit lugte sie verstohlen nach seiner Arbeit hinüber, oder schrieb sie auch Buchstaben und Zahlen in verschiedener Größe auf kleine Papierstreifen. So ging es eine Stunde und drüber in fast feierlicher Stille fort. Da öffnete Dorte geräuschlos die Türe, blieb jedoch auf der Schwelle stehen und winkte Marianne zu sich hin. Sie sah heute besonders stattlich aus. Ein grellrotes Kleid fiel bis auf ihre Fußspitzen herab, und das Mieder von gleicher Farbe war besonders sorgfältig über der vollen Brust mit weißen Litzen zusammengehalten, den vollen Hals und Nacken freilassend, die ein lose eingestecktes Tuch nur zweifelhaft verhüllten. Die glatte, blaue Schürze legte sich fest um die runden Hüfte und hob sie recht verführerisch hervor, während über den hohen, kappenartigen Kopfputz eine Art Schleier geworfen war, welcher die Haare nonnenhaft verdeckte, die Stirne knapp umschloss und im Nacken ineinandergeschlungen in langen Ecken herabfiel. Weite, weiße Schutzärmel zogen sich über die eng anliegenden roten her und erzählten mit einiger Koketterie von Fleiß und Reinlichkeit.

Marianne sah den geheimnisvollen Wink der Magd und erhob sich nach einem forschenden Blick auf ihren Vater so leise, dass er es nicht bemerkte und ging der Türe zu.

»Was gibt's?«, fragte das junge Mädchen kaum hörbar.

Doch statt aller Antwort zog Dorte sie in das kleine Vorzimmer hinaus und schloss die Türe hinter sich zu; dann sagte sie rascher, als sie sonst zu sprechen pflegte:

»Die Zwei sind wieder da und harren draußen auf dem Hausflur. Wollen wir's dem Vater sagen?«

»Jetzt, Dorte? – Bei Leibe nicht. In dieser schwierigen Arbeit darf er nicht gestört werden.«

»So? Hat er eben etwas Besonderes? Ja, dann freilich ist es klüger, man lässt ihn in Ruhe. Aber du könntest sie einmal ansehen – den netten jungen Mann, und dann wollen wir heute Abend gemeinschaftlich in den Vater dringen, dass er sie als Gesellen annimmt.«

»Ach, Dorte«, erwiderte Marianne zaghaft, »ich glaube kaum, dass der Vater einwilligt. Du hättest besser den Gesellen die Türe unseres Hauses gar nicht geöffnet.«

»Lieber sie allen Menschenseelen ganz abgeschlossen für Zeit und Einigkeit«, fiel die Magd etwas heftig ein. »Damit wir vollends wie in einem Gefängnisse säßen! Du mein Gott, wo soll denn das hinaus? Wirst du doch jetzt auch bald flügge, liebes Vögelein. Drum lass uns sorgen, dass du die Flügel künftig besser rühren kannst als seither.«

»Wie du wieder schwatzest, Dorte? Ich verstehe nicht, was du damit sagen willst. Bin ich doch glücklich, neben dem Vater zu sitzen und seine Arbeiten ihm abzulauschen.«

»Zu was soll das noch lange? Die Mädchen brauchen anderen Zeitvertreib. Doch abgesehen davon bleibt's unverantwortlich, aus der Sache nicht größeren Gewinn zu ziehen, – denn sage selbst, Herzchen, wie viel kann dein Vater neben seinem Amte zu Wege bringen, und seine Erfindung könnte ihm mehr eintragen als sein Amt.«

»Dann mag er sein Amt aufgeben«, meinte Marianne.

»Du sprichst kindisch«, eiferte Dorte. »Was? Sein Amt aufgeben – ein Erbamt, – ein angesehenes Amt – ein Ehrenamt, das schon dein Urahn von seinem Vater erbte, aufgeben? Warum nicht gar? Nein, nein, nein. Man gibt nicht auf, was man hat. Dazu tun ist besser – und das soll er, Gehilfen soll er annehmen, dass die Heiligenbilder und die schönen Sprüche zu Hunderten verkauft werden können, – dann wirst du bald zu den reichsten Mädchen der Stadt zählen und kannst dein Auge hoch erheben. Das Küsteramt mag auf die Buben deiner Schwester übergehen, auch das Geschäft, aber das Gold, das deines Vaters Kunst einträgt, auf dich und – doch, das alles wird sich schon finden. Sieh dir nur jetzt einmal die Gesellen an – es sind schmucke Burschen, sehen aus wie guter Leute Kind, so anständig, so manierlich, – fleißig und brav sind sie gewiss auch und sollen bald nicht höher als zu unserem Hause schwören, – dafür will ich schon sorgen. Hilf mir nur jetzt, dass sie herein kommen. Die hintere Stube richte ich dann zur Werkstätte her und oben unterm Dache die große Kammer zur Gesellen-Schlafstube.

Marianne schüttelte leicht ihr bleiches, doch sehr anmutiges Haupt, allein sie entgegnete nichts mehr und folgte mit niedergeschlagenen Augen der Magd auf den Hausflur. Dort harrten Gutenberg und Kuno auf den Herrn des Hauses, dessen Nichterscheinen Dorte zu entschuldigen suchte und ihnen einstweilen sein Töchterlein vorstellte, welches ebenso sehr wie sie es wünsche, dass Herr Lorenz zur größeren Verbreitung seiner Kunstwerke Gehilfen annehmen möge.

Kuno verbeugte sich tief vor dem bleichen, verlegenen Kinde; Gutenberg jedoch konnte eine etwas unzufriedene Bewegung nicht verbergen.

»Geduld, Freund!«, flüsterte ihm Kuno zu. »Kleine Umwege sind nötig, um zum Ziele zu kommen.« Darauf wandte er sich an Marianne, während sein Auge Dorte versicherte, dass seine Rede eigentlich ihr gelte und er nur die Form beobachte, indem er sich an die junge Herrin des Hauses wende. Er setzte in rascher, munterer Weise ihr Verlangen auseinander, die Briefdruckerei zu erlernen, und versicherte wiederholt, dass nur der große Ruf des Küsters von Haarlem sie von Haus und Heimat fortgetrieben habe und sie ihm treu und ergeben bleiben würden bis in Ewigkeit, so er sie als Gehilfen bei sich aufnehme.

»Allerdings«, fügte Dorte mit klugem Blicke hinzu, »müsset ihr, sobald der Herr euch bei sich aufnimmt, denken: die bleibende Stätte für euch sei hier. Dem treuen Gesellen wird das Haus des Meisters zur Heimat; denn nur kommen, sehen und lernen und es dann weiter tragen, davon kann keine Rede sein. Verpflichten müsst ihr euch – «

»Zu was, schöne Magd?«, unterbrach sie Kuno. »Zum Ausharren in Eurer Nähe? – Braucht's dazu eines besonderen Wortes? Schaut uns nur freundlich an, wird's Weiterziehen zur Unmöglichkeit.«

»Ihr seid ein loser Schelm. Euch ist nicht zu trauen«, erwiderte Dorte mit drohendem Finger, doch zeigte das höhere Rot ihrer Wange, dass Kunos Galanterie auf empfänglichen Boden gefallen.

»Sagt Euren Vater ein freundliches Wort, holdes Mägdlein, und seid versichert, wir werden ihm treu und fleißig dienen!«, wandte sich Gutenberg an Marianne.

Sie hob langsam ihr gesenktes Auge empor, indem ein leichter Rosaschimmer flüchtig über ihre blassen Wangen zog, sah ihn prüfend an, und sagte:

»Ich will es tun. Kommt morgen in der Abendzeit wieder, dann sollt ihr bestimmten Bescheid erhalten.«

»Er muss einwilligen, – es ist ja zu seinem eignen Vorteil«, plauderte Dorte mit Kuno, »und den Buben bringt nur kecklich mit. Der ist im Haushalt zu gebrauchen. Es wird dann doch Arbeit vollauf hier geben. Meine guten und ruhigen Tage sind dahin, – das seh ich kommen.«

»Dafür vertreiben wir Euch die Langweile. In den Feierstunden singe ich Euch Lieder und erzähle Euch schöne Geschichten«, versicherte Kuno mit vielsagendem Blicke.

19

»Gehabt Euch wohl bis Morgen, holdes Jungferlein, und sorgt für guten Bescheid«, bat Gutenberg, und Marianne nickte ihm einen freundlichen Abschied zu, sah Kuno flüchtig an und sagte zu Dorte, als die Beiden weggegangen waren:

»Der große Geselle wird des Vaters Kunst fördern, der andere nicht, so steht's in ihren Gesichtern und meinem Gemüte.«

»Mir ist aber dennoch der andere lieber«, dachte die hübsche Magd; »denn der wird ein munteres Leben in das stille Haus bringen.«

2.

So kam es denn auch. Der Zeitraum weniger Jahre veränderte das Haus des Küsters von Haarlem sehr wesentlich. Herrschte auch immer noch in allen Verhältnissen ein geordneter, stetiger Gang, zeigte sich doch ein ganz anderes Leben darin als früher. Von dem pekuniären Vorteile, den ihm die Arbeit vieler Hände brachte, wurde das ängstliche Misstrauen des Küsters überwunden und zwar so, dass er es rätlich fand, bald nach Gutenbergs und Kunos Aufnahme noch mehrere Gehilfen ihnen beizugesellen. Dadurch wurde es laut in dem stillen Hause – und Dortens ruhige Tage waren dahin.

Sie war jedoch zufrieden mit dieser Veränderung, denn der schnell sich mehrende Wohlstand ihres Herrn galt ihr wie ein eigenes Gut, da sie die geheime Hoffnung hegte, einst noch von der Dienerin, zur Frau des Hauses emporzusteigen. Allein es ging nicht so schnell damit, als sie gehofft; so ungehindert ihr Herr sie auch im Hauswesen schalten und walten ließ und ihr darin viele Herrscherrechte einräumte, schien ihm doch der Gedanke nicht kommen zu wollen, die hübsche Haushälterin zur Frau Küsterin zu machen. Dorte besaß jedoch in allen Dingen Geduld und Ausdauer und gab diesen Lieblingswunsch keineswegs auf, war übrigens zu ehrenhaft, um den Küster in verlockender Weise entgegenzukommen und wartete lieber mit stoischer Ruhe den rechten Augenblick ab, in der sichern Zuversicht, dass er endlich kommen müsse. –

Die Erfindung, von Holztafeln vielfältige Abdrücke zu machen, welche der Küster mehrere Jahre als geheime Kunst allein betrieben, war jetzt bei ihm zu einem offenen Geschäfte geworden, das ihm viel eintrug und ihm den Namen Lorenz Köster der Briefdrucker erwarb. Diese Kunst blieb jedoch noch immer eine sehr unvollkommene, mühsame und sehr langsam sich entwickelnde Sache und beschränkte sich vorerst auf Heiligenbilder mit kurzen Textworten zur Erklärung derselben, oder kleinen Bibelsprüchen.

Dennoch brachte es Meister Lorenz vielen Gewinn, da die Heiligenbilder sehr gesucht und teuer bezahlt wurden. Dies mochte mit dazu beitragen, dass es mit der Vervollkommnung des Holztafeldrucks nur sehr langsam vorwärts ging und der Küster mehr damit spekulierte, als durch neue Versuche, welche Opfer kosteten, ihn zu verbessern strebte. Er beschickte die Messen mit den Erzeugnissen seiner Werkstätte und Kuno, welcher weniger Geschmack an der Arbeit selbst fand, wurde von ihm als Verkäufer benutzt und war dadurch häufig abwesend. Gutenberg dagegen verließ nur selten die Werkstätte, noch seltener das Haus, – Eigenschaften, die ihn dem Meister wert, bald unentbehrlich machten, denn es lag Köster viel daran, seine Gehilfen an seine Person und sein Haus fest zu ketten, damit durch sie seine Erfindung nicht weiter verbreitet und so sein Vorteil geschmälert werde. Gutenbergs gutes Beispiel ermunterte zur Nachahmung und hatte eine bestimmte strenge Hausordnung wie selbstverständlich zur Folge. An den Wochentagen verbrachten die Gesellen die kurzen Feierstunden zu Hause; der Sonntag gehörte teils der Kirche, teils wurde er zu gemeinschaftlichen Spaziergängen verwendet, denen beizuwohnen der Meister selten unterließ. Gutenberg arbeitete gewöhnlich selbst am Feierabende noch, ja oft Nächte hindurch in seinem

Kämmerlein, das er mit keinem der Gehilfen, auch nicht mit Kuno teilte. Diese Vergünstigung hatte er sich mit Dortens Hilfe zu erringen gewusst, und unter den Hausgenossen verbreitete sich dadurch, freilich nur im Scherze, das Gerücht: der ernste deutsche Geselle befasse sich mit geheimen Künsten.

War er einmal nicht in der Kammer oben, dann saß er neben Marianne und sah ihr zu, wie sie zeichnete und malte, oder auch sich mühte, Figuren in Holztafeln einzuschneiden. In der letzteren Kunst unterwies er sie und dies machte ihr Freude – weniger die Sache selbst. Es ging ihr zu langsam vonstatten; war sie doch viel schneller mit Umrissen auf dem Papiere fertig und fand diese dazu noch viel anmutiger. Doch auch nur selten genügte ihr eine Zeichnung, meistens warf sie die halbevollendeten Skizzen bei Seite und fing etwas Neues zu entwerfen an.

»Es wird nie so, wie es vor meiner Seele steht«, klagte sie Gutenberg; und insgeheim klagte er ihr nach:

»Wann wird meiner Hände Werk so werden, wie mein Geist es verlangt, soll nicht alles nur Phantasiegebilde bleiben!«

Er beschäftigte sich gerne mit Marianne, deren sinnige Weise ihm teure Erinnerungen aus der Heimat vorführte. Hatten sie gemeinschaftlich irgendeine Arbeit vollführt, strahlte ihr blaues Auge ihn so innig an, dass es ihm war, Katharinas Blick weile auf ihm, und ein Gruß der fernen, lieben Seele berühre die seine, dann fasste er, wohl auch von süßem Weh ergriffen, des Mädchens Hände, und der Ton wurde inniger in dem er mit ihr sprach. So kam es denn, dass der deutsche Geselle mit den langen braunen Locken der Tochter des Küsters immer teurer wurde.

Um die anderen Hausgenossen kümmerte sich Marianne wenig; Kuno vermied sie sogar, seine freien Manieren verletzten sie und sein Humor, der ihm Dortens besondere

Zuneigung erhielt, schreckte sie von den Gesellen zurück. Nur mit dem jungen Lorenz war sie noch freundlich, der als ein gefälliger, dienender Bursche die Gunst Aller besaß.

Wenn Gutenberg Heimweh überkam, dann suchte und fand er Beruhigung bei Marianne. Ihr allein mochte er von seiner Heimat erzählen, von der teuren Mutter und der lieben Base, die ihr ähnlich sähe, und dem guten Pater. Sie befragte ihn nie neugierig nach Stand und Namen der Seinen; – das Bild genügte ihr, das er mit Liebe von ihnen entwarf, und wenn er ihr Auge mit dem Katharinas verglich, war es ihr, sie müsse ihm ebenso teuer sein wie die ferne Verwandte und damit war sie zufrieden. Klagte er, dass er erst einmal Nachricht von zu Hause erhalten, suchte sie ihn zu trösten und vertraute ihm, was sie Schönes und Liebes allnächtlich von den Seinen träume und dass ihre Träume selten trügen. So hätte sie auch ihn schon im Traume gesehen, ehe er ihr Haus betreten, und das allein habe sie damals bewogen, mit Dorte gemeinschaftliche Sache zu machen, um den Vater zu bestimmen, die fremden Gesellen aufzunehmen.

Meister Lorenz bemerkte bei dem Eifer, mit dem er seine Kunst und den Handel mit den Erzeugnissen derselben betrieb, das innige Hinneigen seines Kindes an Gutenberg nicht. Allein Dorte wurde es plötzlich bemerklich; es fiel ihr mit einem Male auf, dass Marianne kein Kind mehr sei, wie sie es zu der Zeit gewesen, als die Gesellen ins Haus gekommen, und es erschien ihr nachgerade notwendig, ihren Herrn auf die Gefahr aufmerksam zu machen, die dem Herzen seines Kindes drohe. Gefiel ihr auch die Person Gutenbergs wie sein ganzes Wesen, so war es doch sehr fraglich, ob sich seine Herkunft und seine Vermögensverhältnisse für die Tochter des Küsters schickten, der täglich reicher und angesehener wurde. Noch waren ihr diese Dinge gänzlich unbekannt, denn trotz dem, dass sie von

Neugierde keineswegs frei war und bereits alles aufgeboten hatte, Kuno über diesen Punkt zum Plaudern zu bringen, war es ihr doch noch nicht gelungen, darüber etwas Gewisses zu erfahren. Dass Kuno sie hier absichtlich in der Irre herumführe durchschaute sie, und das machte ihr die beiden Gesellen mitunter verdächtig. Aber Kuno war nun einmal ihr Liebling, und Gutenberg wurde für Meister Küster immer unentbehrlicher. Sorge um Marianne, verbunden mit dadurch gesteigerter Neugierde, wie auch der Entschluss, ihre eigenen Wünsche und Hoffnungen endlich in Erfüllung zu bringen, drängte ihr die Notwendigkeit auf, um jeden Preis eine vertrauliche Unterredung mit ihrem Herrn herbeizuführen. Allein das war eine schwere Sache geworden, seit das stille Haus sich in ein geschäftliches verwandelt hatte. Nirgends zeigte sich eine passende Stunde, ein geeigneter Ort dafür. Der Meister hatte so vielerlei zu tun, war selten ungestört, und kamen einige ruhige Augenblicke, schloss er sich in seine Stube ein und war für Jedermann unzugänglich.

Doch Dorte hatte nun einmal beschlossen, den Meister eine Stunde für sich allein zu haben und überwand mit frischem Mute alle kleinlichen Bedenklichkeiten, entfernte, selbst auf die Gefahr hin, gescholten zu werden, die Gesellen samt Lorenz eines Abends mit allerlei Aufträgen aus dem Hause – eine Sache, die sie noch nie getan hatte. Nur Gutenberg wagte sie nicht, um einen derartigen Dienst zu bitten, und sie musste es eben geschehen lassen, dass er allein bei Marianne blieb, als sie ihren Herrn mit wichtiger Miene abrief, und ohne ihm eine Erklärung zu geben, ihn in ihr jungfräuliches Gemach führte, in dessen Heiligtum noch nie ein männliches Wesen getreten war.

»Denkt nichts Übles von mir, dass ich Euch hieher führe«, hob sie, nicht ohne einige Verlegenheit, an, doch schnell gefasst, denn einmal musste der erste Schritt geschehen, setzte sie beherzt hinzu: »Man hat nirgend ein Plätzchen mehr im Hause, wo sich ein vertrauliches Wörtchen reden lässt, absonderlich mit Euch, Herr Lorenz. Ihr begrabt Euch so völlig in Eure Geschäfte, dass für Unsereins Euch keine Minute Zeit mehr bleibt.«

»Darfst darüber nicht klagen, Dorte«, erwiderte der Küster verwundert. »Du gabst die erste Veranlassung dazu. Denke nur darüber nach; – übrigens ist es gut ausgefallen.«

»Ja, ja. Ihr werdet reich dadurch – aber die Dorte, die hat nichts davon, als das Schlimme, was neben dem Guten herläuft, darauf habt Ihr freilich nicht das geringste Augenmerk – und will ich einmal meines Herzens Last erleichtern, muss ich allen Anstand bei Seite setzen, und Euch fast mit Gewalt hier in mein Kämmerlein führen.«

»Was ist's denn? Was hast du, Dorte? Du machst mir wirklich Bange. Ist im Hause etwas Schlimmes vorgefallen?«

»Wie man's nimmt, Herr. Doch vor allen Dingen will ich von mir beginnen, – denn am Ende hat der Mensch auch Pflichten gegen sich selbst, obgleich ich dies, seit ich in Eurem Hause bin, ganz außer Acht gelassen habe. Mehr als zehn Jahre bin ich nun in Euren Diensten, – meine schönste Lebenszeit ging darüber hin, und nie hätte ich geglaubt, das ihr meine Treue und Anhänglichkeit so lange unbelohnt lassen würdet.«

»Was verlangst du denn dafür? Sag's frei heraus«, mahnte verwundert der Küster und fügte hinzu, dass er recht wohl wisse, dass sie ihm unentbehrlich sei und er gerne ihre Dienste reichlich belohnen wolle.

»Lohn und immer nur Lohn«, murrte Dorte. »Von Dankgefühl und Anhänglichkeit kein Wort. Ich werde doch nicht ewig Eure Magd bleiben sollen, Meister Lorenz? Nu, das wäre mir eben recht. Drum hört: wie ich da vor Euch stehe, trete ich demnächst in mein dreißigstes Jahr; noch sehe ich passabel aus, ein paar Jährlein später nennt man mich alte Jungfer, und das, Herr, ist ein Titel, nach dem ich nicht trachte und wie ich denke, es auch nicht nötig habe, sobald ich mich verheiraten will.« »Was zum Henker ist in dich gefahren, Dorte?«, rief voll Erstaunen der Küster, indem er sie von oben bis unten maß und dabei bemerkte, dass sie wirklich eine gar hübsche und stattliche Person sei, und beinahe zu viel Anstand und Würde für eine Dienerin habe.

Gar nichts Besonderes ist in mich gefahren«, erwiderte sie ruhiger. »Denn längst ist es fest in mir beschlossen, nur als Frau in das dritte Jahrzehnt meines Lebens einzutreten.«

»Ich meine«, fiel der Küster ein, »dass du dies schon vor vier Jahren getan?«

Dorte wurde wieder unruhiger, doch warf sie nur verächtlich hin: »Was wisst Ihr denn davon? Ich habe Euch meinen Taufschein nie gezeigt, und kurz und gut, Ihr könnt Euch nun nach einer anderen Magd umsehen, oder – was besser für Euch und Euren Haushalt wäre, um eine Ehefrau.«

Der Küster riss seine Augen weit auf und starrte die Magd fragend an. Sie fuhr fort:

»Eurem Kinde ist eine Mutter jetzt noch mehr von Nöten, als in der Zeit, wo ich das arme Waislein über den Tod Eures Weibes zu trösten hatte; – denn das Herz fängt an, sich bei Marianne zu regen, – das Kind ist kein Kind mehr, und ein Mutterauge muss über ihr wachen, soll's kein dummes Zeug geben.

»Wie, was sagst du von Marianne?«, fragte der Küster, von einem Erstaunen ins andere fallend.

»Ei, Herr, habt Ihr denn nichts als Eure Geschäfte im Sinn und merkt nicht, dass Eurem Töchterlein und Eurem ersten Gesellen die jungen Herzen stärker klopfen, als zu Nutz und Frommen für Euer Haus ist? Ihr denkt zu wenig über Dinge nach, die doch auch nicht gerade Sache der

Magd sind, und wenn ich das Mädchen nicht wie eine Tochter liebte, hätte ich geschwiegen und es Euch überlassen, über dem Glücke Eures Kindes zu wachen.«

»Wie kann ich an solche Dinge denken?«, fiel der Küster erschrocken ein. »Das musst du tun, Dorte, drum aber darfst du auch nicht fort aus meinem Hause. Wie magst du nur solches denken?«

»Das ist nun einmal nicht anders, Herr. Ich habe meinem Schutzpatron einen heiligen Eid geschworen: nicht länger als bis zum dreißigsten Jahre ledigen Standes zu bleiben«, erwiderte Dorte feierlich. »Was kann ich da noch ändern, selbst wenn ich wollte? Ich darf doch nicht meineidig werden.«

»Nun dann in Gottesnamen, wenn du durchaus heiraten musst«, erwiderte der Küster mit einem tiefen Atemzuge, »so heirate ich dich lieber selbst, als dass ich dich ziehen lasse.«

»Endlich!«, jubelte Dorte in ihrem Innern, doch sagte sie mit vieler Gelassenheit:

»Ihr? So, so – ja das wäre allerdings ein Ausweg. Ich will mir's überlegen, wenn es Euch wirklich ernst damit ist.«

»Was braucht's da langer Überlegung?«, widersprach er, indem er einen wohlgefälligen Blick auf sie warf. »Schlage ein und werde, was du bis auf einige Punkte eigentlich schon lange warst, die Hausfrau hier und lass dann, bis wiederum auf einige Punkte, alles beim Alten bewenden. Wir wollen's in der Stille abmachen und möglichst schnell, wegen dem Gerede der Leute.«

Dorte zögerte nun nicht länger mit ihrer Zustimmung und war über die leicht gelungene Sache so vergnügt, dass sie Marianne und Johann, die in der stillen Abendstunde ungestört beisammen saßen, ganz darüber vergaß. Als ihr endlich das junge Paar wieder einfiel und sie von ihrem Zukünftigen wissen wollte, was hiebei zu tun wäre, fand sie ihn völlig ratlos, da er weder den geschickten Gesellen entlassen, noch durch eine Verbindung mit Marianne ihn fest an sich ketten wollte. Er hatte andere Pläne mit seinem Kinde. Reichtum und Schönheit sollten Marianne ein vornehmes Haus öffnen, sein Amt und Geschäft einst auf die Söhne seiner ältesten Tochter übergehen, die schon seit vielen Jahren verheiratet war. Da nun aber die beschlossene Heirat mit Dorte nicht recht zu diesem Plane stimmte, lag es nahe, auch Mariannens Zukunft anders aufzufassen, und es war zu überlegen, in wie fern der tüchtige Geselle sich dafür eigne. – Seine Heirat mit Dorte sah der Küster als eine Notwendigkeit an, da er ihre Treue und Zuverlässigkeit für unentbehrlich hielt. Dabei machte auf einmal ihre hübsche Persönlichkeit Eindruck auf ihm, und eine Heirat mit ihr, ihm zu einer angenehmen Sache. Was nun wegen Mariannens Herzensregung zu beschließen sei gab eine lange Beratung, in welcher der Küster endlich beschloss, den Heimatsverhältnissen des Gesellen nachzuspüren, welche, wie Dorte behauptete, ganz absonderlicher Art sein mussten und ebenso gut Schlimmes wie Gutes bergen könnten.

Während nun in Dortes kleinem Stübchen so Wichtiges verhandelt und abgemacht wurde, saß Marianne still vergnügt neben Johann und prüfte mit ihm einige Arbeiten der letzten Zeit.

»Könnte man nur die Holzschnitte rascher mehren«, sagte das Mädchen mit kindlicher Ungeduld, »dass Vielseitigkeit in die Sache käme, – auch die Farben wollen nicht so fest halten und so klar werden, wie es sein sollte. Mir ist's, Johann, es müsse an des Vaters Erfindung noch gar vieles verbessert werden, bis sie mit Recht den Namen einer Kunst verdiene.«

»Allerdings müsste dafür erst Höheres erreicht werden, als die Stuben mit Heligenbildern zu schmücken«, setzte Johann hinzu.

»Wie meint Ihr das?«

»Ich meine, dass was wir schaffen besser werden, und mehr zum Wohl der Menschheit dienen sollte«, erwiderte er nach einigem Nachdenken.

Das Mädchen sah sinnend vor sich nieder und sprach dann mehr zu sich selbst als zu Johann:

»Die Heiligenbilder erfreuen ein andächtiges Herz, und sind sie gut gruppiert und in schönen Farben ausgeführt, auch das Auge. Sie sind eine Zierde in jedem Hause – und man kann auch beten zu ihnen. Beides ist doch eine Wohltat für den Menschen. Ist's nicht so, Johann?«

»Gewiss, Marianne, und Ihr seht ja, wie eifrig wir an der Arbeit sind und sie zu vervollkommnen streben; und stände der Geldgewinn Eurem Vater nicht oben an, ließe er uns mehr Versuche wagen, Besseres käme zu Stande. So bleibt's vorerst nur der rohe Anfang einer Kunst, die göttliches – –«. Er stockte.

»Fahrt doch fort!«, bat Marianne. »Ihr habt oft so schöne, große Gedanken! Ich höre Euch so gerne zu.«

»Ach, was nützen die besten Gedanken, wenn die Kraft fehlt, sie in Taten umzuwandeln«, sagte Gutenberg mit Schmerz und senkte sein Haupt.

»Seid nicht mutlos«, beschwichtigte sie, »ich weiß gewiss, Ihr werdet einst noch Großes vollbringen. In Eurem Auge steht's geschrieben, deutlich, als ob's Gott selbst hineingezeichnet hätte. Drum blickt auf und seid heiter, Ihr könnt es sein, denn in Euch wohnt eine Kraft wie in wenig anderen. Wenn Ihr trauert, was soll ich denn tun?« – Sie lächelte wehmütig und legte ihre kleine zarte Hand vertraulich auf seine Schulter und fuhr nach einer Pause fort: »Soll ich Euch ein Kunstwerk von meiner Hand zeigen? – Wollt Ihr sehen, woran ich lange im Geheim gearbeitet, bis ich es endlich zu Stande gebracht? – Wollt Ihr mich auch lehren, die Umrisse in

Holz einschneiden, und mir dabei helfen, dass es rasch voran geht? – Seht, das würde mich glücklich machen. Doch ganz insgeheim müsste es geschehen – ist's fertig, überraschen wir den Vater damit.«

Er nickte ihr freundlich bejahend zu und rasch holte sie aus einer Schublade eine skizzenartige Zeichnung und legte sie mit fragendem Blicke ihm vor.

»Das habt Ihr gezeichnet!«, rief er überrascht.

»Wie schön ist diese Gruppe – und wie geeignet für den Holzschnitt. Kein ähnliches gutes Bild haben wir bis jetzt geliefert.«

»Wirklich? Wirklich? Wie mich das erfreut. – Es ist also wirklich gelungen? O, dann nehmt es, und schneidet es allein in Holz. Ihr wisst, ich habe dazu wenig Geschick und Geduld. Euch wird's gelingen und Ihr habt dann den größeren Teil an dem Werke.«

Die Zeichnung stellte den Heiland zwischen zwei brennenden Kerzen auf einem Altare stehend dar. Vor ihm kniete der Papst, dem ein Kardinal die dreifache Krone über das Haupt hielt. Das Ganze war mit den Symbolen des Leidens Christi umgeben.

»Die Inschrift fehlt noch«, sagte Marianne. »Die müsst Ihr verfassen. Ja, dichtet einen schönen Reim dazu, das spricht oft mehr zum Herzen als die Bibelsprüche oder gar eine trockne Auslegung.« »Dichten und singen verstehe ich nicht«, entgegnete er lächelnd. »Davon wisst Ihr sicher mehr, so sagen es wenigstens Eure Augen, die blau wie der Himmel von himmlischen Dingen erzählen.«

Sie sah ihn groß an und ein rosiger Schimmer verschönte ihr bleiches Gesicht.

»Katharine!«; klang es in seinem Herzen, und Marianne fühlte das ihre erzittern unter seinem innigen Blick. Eine süße namenlose Angst überkam sie, und dass sie mit dem jungen Gesellen allein sei fiel ihr mit einem Male auf.

»Sind wir denn ganz allein?«, fragte sie naiv und trat einen Schritt von ihm zurück. »Wo bleiben denn nur die anderen, der Vater und Dorte?«

»Soll ich. nach ihnen rufen, Marianne? Fehlt Euch etwas, Eure Wange glüht, und Eure Brust erbebt unter den Schlägen Eures Herzens.«

Johann fasste bei diesen Worten teilnehmend beide Hände des bangatmenden Mädchens, und sie neigte sich, wie magnetisch angezogen, zu ihm hin und flüsterte: »Mir ist so eng, so sonderbar; – o, mein Herz –«, dann sank sie in seine Arme. Die Glut ihrer Wangen wich einer Todenblässe – der Atem entschwand ihr. »Marianne, teures Kind, blickt auf! – mein Gott, sie stirbt! – Marianne!«, rief der junge Mann entsetzt und suchte mit seinem Hauche ihre kalten Hände zu erwärmen.

Da öffnete sich die Türe und der Küster trat mit Dorte ein. »Steht der Jungfrau bei«, bat Johann voll Schrecken, auf die Erblasste zeigend.

Dorte wechselte einen schnellen Blick mit ihrem Verlobten, besprengte die Ohnmächtige mit Wasser und leitete sie dann aus dem Zimmer.

»Was heute in meinem Hause nicht alles vorgeht!«, sagte der Küster kopfschüttelnd und gab Gutenberg einen Wink, sich neben ihm niederzulassen und bat ihn nach einigen Umschweifen, ihm in Beziehung auf seine Herkunft und Familienverhältnisse ohne Hehl und Rückhalt nähere Aufklärung zu geben, indem dies in seinem eigenen Interesse notwendig sei. Gutenberg gab ihm hierauf die Versicherung, dass er einer ehrenhaften Familie angehöre, bemerkte ihm jedoch, sich nicht auf weitere Erörterungen einlassen zu können, und setzte hinzu: er wisse ja, dass er ihn als Meister ehre, und ebenso auch hoffe, seine Achtung sich erworben zu haben, – mehr bedürfe es zu ihren beiderseitigen Beziehungen nicht, und sie wollten ohne weitere Erklärungen sofort zusammen bleiben, bis das Schicksal es anders beschließe.

»Gerade aber das Schicksal«, widersprach der Küster, »macht eben Miene, sich in unser Verhältnis einzumischen, drum wäre gegenseitiges Vertrauen von besonderem Werte, um es entweder damit zu bannen, oder zum Glücke zu leiten.«

Johann sagte, dass er ihn nicht recht verstehe, – was aber auch kommen möge, es werde ihn schwerlich mehr lange in seinem Hause und in Haarlem halten, er warte eben auf Nachrichten aus der Heimat, die darüber entscheiden würden. Diese ruhige Erklärung überraschte den Küster im höchsten Grade. Er hatte, wie es in damaliger Zeit Sitte war, nicht anders geglaubt, als seinen guten Arbeiter für Lebenszeit in seinem Geschäfte und seinem Hause zu behalten – und Gutenberg, der beste unter ihnen, erklärte nun, ohne irgendeinen Grund dafür anzugeben, dass er weiter wandern wolle, und er war doch erst einige Jahre in seinem Dienste. Das kam ihm so unerwartet und so ungeschickt, dass er wünschte, Johanns Familienverhältnisse möchten sich so genügend herausstellen, um ihn mit Mariannens Hand für immer binden zu können, und er fühle sich ganz geneigt seine hochfahrenden Pläne mit diesem Kinde dranzugeben – und meinte, es könne Gutenberg nicht Ernst mit dem sein was er eben gesagt; doch dieser versicherte ihm offen, er denke ganz ernstlich daran, weiter zu ziehen, denn es verlange ihn, noch mehr zu schauen und zu lernen, als dies in Haarlem möglich sei.«

»Ihr wollt mich täuschen!«, unterbrach ihn Meister Lorenz mit ängstlicher Hast. »Was könnt Ihr noch mehr sehen und lernen wollen, da das, was Ihr bei mir gesehen und gelernt, zu Reichtum und Ansehen führt? Ihr gedenkt es doch wohl nicht zu meinem Nachteile auszubeuten? Gar den Meister zu überflügeln? – Das wäre schlecht, Geselle;

33

ich duldete es auch nicht, und müsste ich mich mit Gewalt Euch entgegenstellen. – Doch lasst uns in Güte die Sache überlegen. – Reicht mir die Hand und hört, – ich will Euer Bestes. – Sind Eure Familienverhältnisse von der Art, dass sie sich zum Hause des Lorenz Küster passen, wäre ich Willens, Euch Sohn zu nennen. Marianne liebt Euch, Ihr sie wohl nicht minder, drum binde ihre Hand uns fürs Leben zusammen, so Ihr von guter Herkunft seid und einiges Vermögen besitzet.«

»Beides ist der Fall, Meister Lorenz«, erwiderte Gutenberg mit einiger Unruhe, »dennoch aber muss ich Euren Antrag zurückweisen. Zürnt mir nicht darob, und glaubt, mir wird noch lange Zeit die bleibende Stätte versagt sein, denn mein Ziel ist ein fernes, vielleicht ein unerreichbares.«

»Sprecht deutlicher. Wir können uns vielleicht doch verständigen«, drängte Lorenz.

»Nimmermehr Meister, denn Ihr hängt zu sehr am Gewinne, um je Großes zu erreichen. Das kann man nur, wenn man sein ganzes Leben daran gibt.« –

»Ihr urteilt wie die Jugend – unreif, überspannt! Vertraut Euch mir an. Kramt Eure Weisheit immerhin aus, – ich tue die Meinige dazu, und wir wollen sehen, welche Vorteile uns daraus erwachsen.«

»Verschwendet Eure Worte nicht, Meister Lorenz. Unsere Wege laufen auseinander – und es ist an der Zeit, dass wir scheiden. Euch genügt das Kleine, beengt ist Eure Anschauungsweise vom Großen und Ganzen!«

»Also Ihr, Ihr, mein Geselle habt so gar Großes in Eurem Kopfe stecken, dass mein schönes Geschäft und mein Kind Euch nicht zu halten vermögen, und gedenkt Euren Meister weit zu überflügeln!«, rief der Küster aufspringend. »Habt wohl im Geheimen schon Vorbereitungen dazu gemacht – aber so kommt Ihr nicht aus meinem Hause. Erst will ich erforschen, was Ihr in den stillen Stunden der Nacht in Eurer einsamen Kammer getrieben, und dann will ich sehen, ob der Geselle, der so tief wie Ihr in des Meisters Kunst geblickt, nicht gehalten ist, eine Reihe von Jahren bei ihm zu verbleiben. Ich wollte Euch gut, – wollte Euch selbst mein Kind zum Weibe geben, und so lohnt Ihr es mir? – Aber mit Richten, Geselle. Noch bist du in meinem Hause, stehst bei mir in Arbeit – bist kein freier Vogel, der fliegen kann, wohin es ihm beliebt.«

»Ihr könnt mich nicht mit Gewalt zurückhalten, noch weniger das beanspruchen, was ein Werk meiner Feierstunden ist«, entgegnete Gutenberg entrüstet.

»Was ich kann sollt Ihr bald erfahren. Noch heute hole ich mir Rat bei den Vollstreckern des Gesetzes und will doch sehen, ob ein Haarlemer Bürger von einem fremden Gesellen überlistet werden darf.« Damit ging er aus der Stube und befahl Dorte, niemand, am wenigsten aber Johann, die Türe des Hauses heute Abend zu öffnen. Dann warf er sich in seinen Sonntagsstaat und verließ das Haus, das er von außen sorgfältig abschloss. Gutenberg ging in seine Kammer und nahm aus einer wohlverschlossenen Truhe allerlei kleine Geräte, verschiedene Holzplatten, Papiere, Blätter und Rollen, umwickelte eilends alles mit Linnenstreifen, die er aus seinem Leibweißzeug schnitt, und ordnete dann die Gegenstände in einen Pack zusammen. Ängstlich sah er eine Weile auf diesen Schatz, dann verbarg er ihn in einer Ecke der Kammer und zog dort hinter zwei losen Brettern etwas hervor, das er schnell auf seiner Brust verwahrte. Als es ganz still im Hause blieb, und er wiederholt das Schloss seiner Türe untersucht hatte, legte er sich, angekleidet, auf sein Lager. Doch lange wollte kein Schlaf in seine Augen kommen, denn gespannt horchte er auf jeden Laut, der von unten heraufdrang, und erst nach Mitternacht verfiel er in einen Halbschlummer, in dem beängstigende Bilder ihn quälten. Er wollte sich aus dem bangen Schlafe aufraffen, doch vermochte er es ebenso wenig als in erquickendes Vergessen zu versinken, da klopfte es leise an seiner Türe und »Johann, wacht auf!«, klang es draußen mit zitternder Stimme. Er fuhr empor, nicht wissend, ob er geträumt, oder wirklich sei, was er vernommen, – da klopfte es wieder. – Schnell öffnete er nun die Türe und sah, von einem Mondstrahle erhellt, Marianne bleich und zitternd vor sich stehen.

»Ihr müsst fort, heute Nacht noch, gleich!«, stieß sie aus krampfhaft beengter Brust hervor, dann, sich etwas fassend, fuhr sie fort: »Zaudert keinen Augenblick, wollt Ihr nicht gezwungen noch Jahre lang hier bleiben, ein Gefangener im Hause Eures Meisters, oder gar in ein Gefängnis wandern, da man Euch unheimlichen Wesens zeiht. Packt was Ihr im Geheimen geschafft rasch zusammen, und folgt mir, ich will Euch sicher aus diesem Hause geleiten.«

»Marianne, wie soll ich Euch danken!«

Sie schüttelte ihr Haupt und sagte: »Keinen Dank. Eilt! Kommt! Ich öffne Euch die Hintertüre und führe Euch hinüber in die Kirche. Dort kenne ich einen verborgenen Ort, an dem Euch niemand suchen wird. Dort bleibt Ihr bis morgen Abend, – sobald es sicher ist, rufe ich Euch ab, und zeige Euch ein Schifflein, das Euch mit nach Amsterdam nimmt. Seid Ihr in jener Stadt, werdet Ihr leicht weiter entkommen können.«

»Und Lorenz und Kuno?«, fragte Gutenberg zaudernd. –

»Die werden Euch folgen, wenn Ihr es wünscht, sobald es ohne Aufsehen geschehen kann. Doch denkt jetzt nur an Euch und kommt.«

Gutenberg zog den Pack aus seinem Verstecke, warf ihn auf die Schulter und folgte Marianne, die ihm leise voranging, die Hintertüre des Hauses aufschloss und schnell mit ihm der Kirche zueilte. Mit einem mächtigen Schlüssel öffnete sie hier eine Seitenpforte und drängte Johann durch dieselbe. Es war dunkel und kalt in der Kirche. Marianne fasste die Hand ihres Schützlings, indem sie ihm zuflüsterte: »Ich muss Euch führen, damit Ihr nicht strauchelt.«

Schnell und sicher stieg sie trotz der herrschenden Dunkelheit eine Treppe hinan, dann zog sie ihn durch einige Gänge, in die hin und wieder ein Lichtstreifen fiel, dann ging es wieder aufwärts, bis ein scharfer Luftzug ihnen entgegen kam, und es heller um sie wurde.

»Wir sind auf dem Turme«; sagte Marianne. »Hier neben dem Glockenhause ist ein eingeschlossener Raum, in dem Euch niemand suchen wird.« Dann schlüpfte sie vorsichtig zwischen den mächtigen Glocken hindurch, ängstlich zurückspähend, ob auch er mit sicherem Schritte folge. »Hier durch diese Öffnung geht hinein«, bedeutete sie ihn, ein Brett zurückschiebend. »Es ist ein schöner verborgener Platz, hoch über der Erde; manche Stunde habe ich darin zugebracht. Wartet geduldig bis ich Euch abrufe. Wenn der Tag um ist, der bald grauen wird, komme ich wieder; – denkt indessen über Eure nächste Zukunft nach.« –

Damit schob sie das Brett vor die Öffnung, nachdem sie noch rasch ein Körbchen mit Esswaren neben Gutenberg gestellt hatte. – Er hätte sie gerne noch um allerlei befragt, doch schon war er allein, und kein Laut von ihr mehr vernehmbar. Da stand er nun hoch über der Stadt mit ihren Bewohnern: – ein Flüchtling, den man böser Dinge verdächtigte, dem man die Freiheit des Handelns zu rauben drohte, – geleitet in sicheren Versteck von einem Mädchen, dessen Besitz er verschmäht und das ihn dennoch beschützte.

Ein Weh, eine leise Reue wollte ihm das Herz beengen – und wie von einem Zauberstab heraufbeschworen, er stand plötzlich vor seinem innern Auge ein schönes Bild: der Liebe Glück, und des häuslichen Herdes rührende Freuden – und verführerisch klang es in ihm: »Marianne, in dir hätte ich dies alles finden können – ein zufriedenes, heiteres Los und vielleicht auch an deiner Seite die Vollendung meines Werkes. Doch nein – nimmermehr!«, widersprach er sich so laut, dass es in dem Turme wie leise Gespensterstimmen nachhallte. »Mein ganzes Leben – all mein Sein und Denken gehört dazu.«

Er trat an eine kleine Öffnung, die ihm den Blick ins Freie gönnte. Unter ihm lag die Stadt, von einem Nebelschleier überzogen, doch über ihm wölbte sich in reinem Blau der Himmel und des Mondes volles Antlitz sah freundlich zu ihm nieder. Die Brust wurde ihm wieder freier; in langen Zügen atmete er die frische Luft ein, die ihn umwehte. Dicht nebenan dröhnten die Glocken und verkündeten den nahenden Tag. Der Mond senkte sich langsam in die bleiche, unendliche Ferne des Meeres, während im Osten ein Purpurstreifen den Horizont umsäumte. Der Nebel fiel immer tiefer zu Boden, ein Haus um das andere stieg um die hohe Kirche her aus ihm empor, und weithin zeigte sich eine frisch grüne Ebene mit niederem Buschwerke und freundlichen Ortschaften. Wie die Sonne höher stieg, fuhren die Nebel, welche noch teilweise die Landschaft bedeckten, pfeilschnell über die See, vermischten sich mit ihren Wellen und gingen in ihnen unter. Da erglänzten und schimmerten sie in grünlich goldener Pracht; die weite, bleiche Fläche, in die der Mond sich niedergetaucht, schmückte das goldene Tageslicht nun mit tausend lebendigen Reizen.

Gutenberg erquickte sich von seinem hohen Standpunkt aus eine Weile an dem herrlichen Tage, dann aber nahm er den Pack zur Hand, öffnete ihn und prüfte seinen Inhalt mit dem Interesse und der Freude, die jedes mühsame und noch dazu geheim ausgeführte Werk hervorruft; doch bald trat tiefes Nachdenken an die Stelle der

Freude und schnell, unmerklich fast, gingen ihm die einsamen Stunden in dem Turme dahin. Der Abend kam, und noch lagen seine Schätze zerstreut um ihn her. Er hatte bald auf das eine, bald auf das andere den sinnenden Blick geheftet und ganz vergessen, wo er war, und was ihn hieher geführt.

Mit der beginnenden Dämmerung fiel ihm plötzlich seine Lage schwer auf die Seele und der Gedanke: wenn Marianne nicht kommen könnte, was dann werden würde, drängte sich ihm unangenehm auf. Schnell ordnete er alles wieder in einen Pack zusammen und lauschte gespannt auf jeden Laut, der von unten kam. Doch umsonst, – Stunde um Stunde ging hin, – er zählte jeden Schlag der nahen Uhr und die stillen Pausen füllte vergebliches Harren peinlich und namenlos langsam aus.

Schon strich die frische Morgenluft abermals durch die Ritzen des Turmes, und Marianne war noch immer nicht da. Von Ungeduld getrieben trat er aus seinem Verstecke – und horch, es huschte die Treppe herauf, und fast atemlos nahte Marianne und winkte ihm herabzukommen. Ohne ein Wort zu sprechen eilte sie voran. Sie nahm sich nicht einmal Zeit, die Kirche zu verschließen und bog rasch in eine enge Seitengasse ein, die nach dem Flusse führte. Dort deutete sie auf ein kleines, bedecktes Schiff und war kaum noch fähig, zu sagen:

»Gott geleite Euch!«

»Marianne, nehmt meinen Dank!«, sprach er mit tiefer Rührung, ihre zarten Hände an seine Lippen pressend. »Und hier nehmt das Beste, was mir in Eurem Hause gelungen als Angedenken an Euch. Nehmt es hin – und bewahrt es gut, und fällt Euer Auge darauf, denkt freundlich meiner.«

Er zog ein Büchlein aus seiner Brust und legte es in ihre Hände und eilte dann dem Schiffe zu.

Sie sah ihm nach, – dann sah sie auf sein Geschenk, – allein der Tränenflor, der ihr Auge umschleierte, ließ sie nicht recht erkennen, was es sei. Erst, als sie später den teure Schatz zu Hause prüfte, fand sie ein Buch von etwa zwanzig Seiten mit Schrift und Bildern – beides von Holztafeln abgedruckt, die einzelnen Blätter auf der Rückseite zusammengeklebt, geheftet und mit einer bunten Decke versehen.

»Er will Bücher, nicht bloß Bilder drucken«, sprach sie leise vor sich hin. »Das wohl ist das Ziel, wonach er strebt; – ein großes, schönes Ziel! Aber welch mühsame Arbeit? – Möge sie ihm leicht werden, und das Verlangen seines großen Geistes ihm nicht jedes Herzensglück rauben.«

Sie senkte ihr Haupt und heiße Tränen fielen auf das Büchlein nieder, dann schloss sie es sorgfältig ein und nur sonntags, wenn sie aus der Kirche kam und ganz allein in ihrem Kämmerlein war, nahm sie es aus seinem Versteck und las darin, andächtig die Hände darum gefaltet, wie um ein Gebetbuch.

Als das bleiche Mädchen in noch jugendlichem Alter starb, fand ihre Stiefmutter das Büchlein auf ihrem Herzen und zeigte es voll Verwunderung Meister Lorenz.

»Das ist Gutenbergs Werk, – der Lohn seiner nächtlichen Forschungen und Arbeiten, sprach dieser. »Ähnliches steht längst in meinem Sinne, und bald sollen aus meiner Werkstätte nicht nur Bilderblätter, sondern auch Bilderbücher die Welt in Erstaunen setzen. Der deutsche Geselle soll es mir nicht zuvortun und seinen Meister in Haarlem überflügeln.

3.

Gutenberg entkam auf dem Schifflein, zu welchem ihn Marianne geleitet, unangefochten nach Amsterdam und beschloss, an diesem Orte Kunos und Lorenz' Ankunft abzuwarten. Da er nicht wusste, wie bald sie ihm nachkommen würden, teilte er seine kleinen Ersparnisse weislich ein und begnügte sich mit einem sehr notdürftigen Unterkommen in einer Schenke nahe dem Landungsplatze, an welchem die meisten Schiffe aus Haarlem anhielten. Er spähte, so oft ein neues Fahrzeug ankam, nach seinen Gefährten; doch erst nach einigen Wochen vergeblichen Harrens traf Lorenz ein, dem es nur schwer gelungen war, dem Hause des Küsters zu entfliehen, da man nach Gutenbergs unbegreiflichem Entkommen ein wachsames Auge auf ihn hatte. Nur mit Mariannens Hilfe gelang es ihm endlich, seinem Herrn zu folgen. Sie gab ihm Grüße und ein Schreiben an Johann mit, das ihm die Kunde brachte, Kuno werde nicht mehr nach Haarlem zurückkehren, er habe die Nachricht gesandt, dass er die Dienste des Küsters für immer verlassen wolle. Von Rotterdam aus, wo er Geschäfte für Meister Lorenz besorgt, habe er diesem mitgeteilt, dass er lange genug in Haarlem gelebt, deshalb nun für immer von ihm und seinem Hause Abschied nehme, und ihn zugleich bitte, seinem Freunde Johann zu sagen, er werde vorerst in die Heimat am Rheine wandern, er möge indessen gen Süden ziehen, dort würden sie sich einst wieder begegnen, wenn das Schicksal es nicht anders beschließe.

Marianne setzte hinzu, dass ihr Vater an eine Verabredung zwischen ihnen glaube und sehr erbost darüber sei; er solle sich deshalb sogleich von Amsterdam entfernen, um nicht in etwaige Ungelegenheiten zu kommen, da dem Meister das Recht zustehe, auf den flüchtigen Gesellen zu fahnden.

Kunos Entschluss überraschte Gutenberg, denn er hatte ihm vor seiner Geschäftsreise auch nicht die leiseste Andeutung davon gegeben. Ob plötzliche Sehnsucht nach Hemma ihn wieder rheinaufwärts trieb, ob ihm vielleicht eine Nachricht von ihr zugekommen, die ihn dazu veranlasste? – waren Fragen, die sich ihm aufdrangen, für die er jedoch keine bestimmte Antwort fand. Kunos Reise nach seiner fernen Heimat erweckte lebhafte Erinnerungen in ihm und heiße Sehnsucht nach den Lieben dort. Des Heimwehs namenloser Schmerz schlich sich in sein Herz ein und wollte ihn Kuno nachziehen. Doch nur kurz gab er sich diesem Gefühle hin. Nach dem Kampfe weniger Stunden blieb ihm kein Zweifel mehr, welchen Weg er einzuschlagen habe:

Auf der begonnenen Fahrt weiter durch die Welt, – sehen, – lernen, – das Gesammelte zusammenhäufen, – die Perlen davon aussondern und sie dann aneinanderreihen zu einer Krone für die Menschheit, welche mit friedlicher Macht sie einst segenbringend beherrsche – blieb der Leitstern, der ihn nach sich zog und dessen Licht jeden egoistischen Wunsch erblassen machte.

»Auf, mein getreuer Junge, ein weiter Weg liegt vor uns«, mahnte er Lorenz mit leuchtenden Augen. »Wir wollen jetzt Hollands Grenze zu überschreiten suchen und Frankreichs Boden betreten; dort mit Arbeit und Mut durch die größeren Städte uns schlagen, dann nach der Schweiz wandern und dann, guter Lorenz, geht's über die Alpen dem schönen Italien zu; in die mächtige Mar-

kusstadt, wo uns Antonios gastliches Haus einen freundlichen Willkommensgruß bietet. Dort werden wir Schönes
und Großes sehen und lernen. Dort hat das Handwerk
zur Kunst sich aufgeschwungen, und aus Werkstätten
sind Fabriken geworden, welche weltberühmte, herrliche Sachen liefern. Schon als Kind versetzten mich einige
davon in staunendes Entzücken, und Antonio meinte: In
Venedig erst würde sich mir das wahre Verständnis der
Gewerbtätigkeit und ihr großer Wert für das Gesamtwohl
der Menschheit recht augenscheinlich erschließen. Drum
frisch auf! Hier nimm die kleinere Hälfte des Schatzes,
den ich aus Haarlem gerettet, und lade sie auf deine jungen Schultern, – die größere ist, wie billig, für mich. Dieser
Schatz, so schwer er auch unsere Schultern drücken wird,
muss mitwandern, denn er ist das Werk vieler Nächte und
tiefen Nachdenkens.«

»Herr, gebt die schwerere Hälfte mir; – ja lasst mich
alles tragen«, bat Lorenz. »Es will mir nicht zu Sinn, dass
ein edler Junkherr, wie Ihr, beladen gleich einem wandernden Gesellen sein soll; – begreife, offen heraus, überhaupt
nicht, was Ihr mit all den vielen Sachen nur wollt. Das Brief-
druckergewerbe habt Ihr ja in Haarlem gründlich studiert,
und ich weiß auch etwas davon zu erzählen. Wir könnten
in der Heimat ein prächtiges Geschäft damit gründen. Freilich wohl würde Eure vornehme Verwandtschaft übel dazu
sehen, – allein es müsste ja nicht grade Eltville sein, wo wir
uns niederließen. Ich wette, das hochmütige Mainz öffnete
Euch sogleich seine Tore, wenn Ihr als ein Gewerbtreibender dadurch einziehen wolltet. Drum ehe wir eine so weite
Wanderschaft und noch dazu eine so beschwerliche und
gefährliche antreten, überlegt das Für und Wider erst hin
und her, edler Junkherr. Der Kuno ist rheinaufwärts und
würde sicher in Mainz bei uns bleiben und wie bei dem
Haarlemer Meister bei Euch den Verkäufer machen.«

»Du gibst ganz guten praktischen Rat, mein Junge – und doch kann ich ihn nicht befolgen, – schon um meines Vaters und Bruders willen nicht, die mich verstoßen würden, wenn ich ein Zunftgenosse des stolzen Mainz zu werden gedächte, das seine adeligen Söhne so arg misshandelt hat. Doch nicht um dessentwillen allein bleibe ich der Heimat fern. Was ich bis jetzt gelernt, ist nur ein kleiner Anfang der Kunst, die ich mit Gottes Hilfe in späterer Zeit zum Endziel führen kann. Doch willst du in die Heimat zurückkehren, so scheiden wir hier. Ich will dich nicht halten – dich nicht an mein unbestimmtes Geschick binden. Ja, ja, du kehrst besser zurück, denn viel Schlimmes kann uns treffen, ehe wir nur Venedig erreichen, auch wird lange Zeit dahin gehen, bis wir bei Antonio anlangen – und wer weiß, ob wir ihn wirklich wiedersehen werden.

»Mag es sein wie es will, – ich bleibe bei Euch, edler Junkherr, und sollte ich die Heimat nie wiedersehen. Ist mir doch eigentlich jetzt erst wieder wohl ums Herz, seit ich mich wieder Euren Diener nennen kann. In dem Hause in Haarlem war ich der Tuealles und Dortens ausschließlicher Knecht, wollt ich's im Hause gut haben und nicht so ganz als Lehrjunge gehudelt werden.«

Mit diesen Worten warf er rasch den Pack auf seine Schultern, Gutenberg ergriff den anderen und sagte:

»Die Heimat bleibt das Endziel unserer Wanderschaft; ihr einst alles zu bringen, was ich Gutes erreiche, ihr es zu eigen geben, ihr zu Heil, Ruhm und Ehre, ist der liebste Wunsch meines Herzens!«

»Gott sei mit Euch, mein guter Herr! Lorenz Beildeck bleibt Euch treu ergeben bis an sein Lebens Ende«, rief mit Enthusiasmus der junge Diener.

Und so wanderten sie mutig vorwärts, den Gefahren und Beschwernissen entgegen, welche fremde Länder und Leute und unwegsame Gegenden ihnen boten in einer

Zeit, wo Gesetz und Recht noch in schwerem Kampfe mit der rohen Gewalt des Stärkeren lagen.

Kuno zog indessen rheinaufwärts. Nachdem er Meister Küsters Vorteil in Rotterdam aufs gewissenhafteste vertreten, schrieb er ihm den Abschiedsbrief, von dem Marianne Gutenberg berichtete, und benutzte, ohne seine Antwort abzuwarten, eine Schiffsgelegenheit, die sich ihm bis Köln bot. Von dort schlug er den Weg zu Fuß ein, da die weit vorgerückte Jahreszeit die Schifffahrt unterbrach, die ohnedies stromaufwärts seiner Ungeduld unerträglich langsam vorkam. Er eile, Eltville zu erreichen. In Rotterdam war ihm Nachricht von Hemma zugekommen, der er früher mitgeteilt, dass er in jener Stadt um diese Zeit einen längeren Aufenthalt haben werde. Sie sandte ihm ein melancholisches Lebewohl, und sprach ihm dabei aus, wenn es ihm möglich wäre, zu kommen, solle er es tun – sie möchte ihn wohl noch einmal vor ihrem Scheiden von der Welt sehen. Ob sie den Tod, ob sie das Kloster damit meine, blieb unklar in ihrem kurzen Schreiben, und Schmerz, Angst und Sehnsucht trieben ihn zu ihr. Auch war ihm das eintönige Leben in Meister Kösters Hause mitunter zu großer Pein geworden, wenn gleich sein Inneres einige Beruhigung in der Arbeit gefunden, und sein Herz mit großer Liebe an Johann hing. Er hatte eben nicht, wie dieser, ein ganz bestimmtes Ziel im Auge und fand für sein zerstörtes Leben keinen festen Halt in einer Beschäftigung, für die er wenig Geschick besaß und an der er auch wenig Freude gewonnen. Er blieb mit Selbstüberwindung seinem gegebenen Worte jahrelang treu und hätte auch wohl erst mit Gutenberg Rücksprache wegen der Zukunft genommen, ehe er sich einen anderen Weg gewählt, wenn nicht die mächtige Empfindung, welche ihn zu seiner unglücklichen Schwester zog, alles andere überwunden hätte. Doch nahm er sich vor, Gutenberg von Eltville aus zu schreiben und ihm Rechenschaft über das Geschehene zu geben; noch hielt er den Gedanken fest, einst mit dem Freund in Venedig wieder zusammen zu treffen.

Die vorgerückte Jahreszeit verzögerte Kunos Weiterreise. Schnee und Eis stellte sich seiner Wanderung entgegen, und er musste zu wiederholten Malen längere Zeit an einem Orte verweilen. Bei dieser langsamen Wanderschaft vermisste er sein Instrument und sein buntes Spielmannshabit. Es gelüstete ihn, die langen Stunden und Tage sich wie früher damit zu verkürzen. Aber die Fidel und die bunten Lappen lagen verborgen in dem grauen Turme der zerstörten Burg; dort hatte er sie verwahrt, als er Gutenberg nach Holland nachreiste. Er hatte hier noch einige wertvolle Gegenstände aufgefunden, die zu seinem Eigentum gehörten, aus deren Erlös er sich eine andere Kleidung wie die nötigen Mittel zur Weiterreise verschaffte. Die Fidel und das bunte Habit in dem grauen Turme zu holen und es als fahrender Spielmann wieder einige Zeit zu versuchen, wurde bei der langsamen und langweiligen Wanderschaft sein Entschluss – und sobald er den Berg mit dem grauen Riesen erblickte, stieg er ohne Säumen hinan, über Schnee und Felsenmassen; doch noch ehe er oben anlangte, zog es ihn seitwärts der Haide mit dem einsamen Grabe zu. Allein eine tiefe, weiße Decke lag darüber ausgebreitet, welche selbst das Denkmal von aufgeschichteten Steinen völlig verbarg. Kuno warf einen langen, trauernden Blick darüber hin und schritt dann nach der zerstörten Burg.

In dem Turme befand sich noch ein ziemlich gut erhaltenes Gemach, das er bei seinem letzten Verweilen hier entdeckt hatte. In diesem Gemache hielt er sich damals einige Tage auf und verbarg hier die Fidel und das bunte Kleid. Dann verwahrte er den zerstörten Eingang mit Steinen, die er aus gebrochenen Mauerstücken löste und sie so sorgfältig zusammenfügte, dass nur ein spähendes

Auge ihn noch zu entdecken vermochte. Er fand auch sein Werk noch unberührt, ja es war ihm so gut gelungen, dass es ihm kaum möglich wurde, sich einen kleinen Durchweg zu dem Gemach zu bahnen. Im Innern traf er noch alles in dem früheren Zustande, – nur feucht und unheimlich sah es aus, und die Saiten der Fidel waren zerrissen, die bunten Lappen mürbe und modrig – beides war zu nichts mehr tauglich, und er warf das Instrument verdrießlich bei Seite. Es schauderte ihn in dem kalten, düsteren Raume, und, rasch eines der alten Möbel zusammentretend, zündete er ein Feuer an und suchte sich zu erwärmen. Der Rauch wirbelte zu der gebrochenen Öffnung hinaus, und nach und nach wurde die dumpfe Luft leichter und eine mäßige Wärme machte das trübe Gemach etwas wohnlicher. Müde und abgespannt warf er sich auf eine harte Lagerstätte und sank nach kurzer Frist in tiefen Schlaf. Auf dem Turme der Kirche, die sich über der Stadt am Fuße des Berges erhob, kündigte die Glocke Mitternacht und kaum hatte sie ausgedröhnt, als in der zerfallenen Burgkapelle ein Glöcklein ertönte, langsam, feierlich, wie eine Geisterstimme. Kuno drehte sich unruhig hin und her; – ein leiser, zitternder Gesang näherte sich dem Turme, und eine weiße Gestalt, von dem kräuselnden Rauche wie von einer Wolke umgeben, zeigte sich an der gebrochenen Öffnung vor Kunos Gemach. Sie blieb regungslos hier stehen, doch noch immer leise singend, und aus der dichten Umhüllung des Hauptes schaute ein totenbleiches Antlitz und starrte mit glanzlosem Auge auf Kuno, der mit dem Erwachen rang.

»Mutter – Gisela – Giselas Geist!«, drang es aus seinem Munde. Und er fuhr empor, indem er die Augen weit aufriss und eine abwehrende Bewegung nach der gespenstischen Gestalt hin machte.

»Bleibe mir fern!«, stammelte er, noch mit dem Schlafe ringend. »Hinweg – hinweg! Ich mag nicht mit Geistern verkehren. Ach, Gisela, es sind deine dunklen Augen, ach, so starr – so starr – nein – sie beleben sich – deine Hand hebt sich empor. Du winkst mir, ruheloser Geist. Wohlan – ich komme. – Sei körperlos oder nicht, ich fasse dich Gisela – will fühlen – will begreifen – ob Irrtum oder Wahrheit – Höllenspuk oder Wirklichkeit mich umgibt, ah – Gisela!«

Er stürzte auf den Eingang zu und fasste die ätherische Gestalt beherzt an, halb fürchtend, sie werde zerrinnen unter seiner festen Berührung. Allein die zarten Formen waren kein Nebelgebilde, sie verschwammen nicht unter dem Drucke seiner Hand und das glanzlose Auge des toten-ähnlichen Gesichtes belebte sich und hing sich forschend an Kuno. Er zog die erzitternde Gestalt in den erwärmten Raum, und mit schmerzlicher Stimme rief er:

»Bist du es denn wirklich, Gisela?«

»So nannte man mich, als ich noch lebte«, gab sie eintö-nig zur Antwort und fuhr in derselben Weise fort: »Seit ich gestorben bin und zur Sühne deiner und meiner Sünden wandeln muss in der Burg deiner Väter, habe ich keinen Namen mehr; – ich bin ein unglücklicher Geist, ein fried-loses Wesen, das zwischen Himmel und Erde schwebt und dem die Ruhe im Grabe versagt ist, so lang – ja so lang – bis treue und glückliche Liebe dort für die arme Seele betet.«

»Lass treue Liebe dich heilen, armes Kind«, flehte Kuno tief erschüttert und sank vor ihr nieder, umfasste ihre Knie und barg sein Angesicht in ihr faltiges Gewand.

»Lebst du denn noch und kommst zu der Toten? –«, fragte sie mit einiger Bewegung in ihrer klanglosen Stimme und fuhr in rührendem Flehen fort: »O, dann berühre mich nicht, sonst bricht auch dein schönes Auge und schließt sich für immer.«

»Ich lebe und auch du lebst, Gisela!«, sprach er zu ihr aufblickend und ihre beiden Hände fassend.

»Besinne dich; sage mir, was ist mit dir geschehen, und wie kamst du hieher?«

Sie entzog ihm ihre Hände, faltete sie über seinem Haupte zusammen und murmelte ein Gebet.

»Antworte mir!«, flehte er dringender; doch sie betete fort, als höre sie seine Bitte nicht, immer leiser, bis jeder Laut verstummte und nur ihre bleichen Lippen sich noch bewegten. Da erscholl draußen eine heisere Stimme:

»Wo bist du, armer Geist? Gertrud sucht nach dir.«

Die alte Kräuterfrau, ihre Pflegemutter trat in das Gemach und sah mit Schrecken Kuno zu den Füßen der Unglücklichen. Er sprang auf, als er sie erkannte und riss sie herein in die unheimliche Stube. Gisela rührte sich nicht von der Stelle, wie in eine Bildsäule verwandelt stand sie regungslos da, und erst als Kuno die Alte hart anließ, bebte sie krampfhaft zusammen; – auf ihre bleichen Lippen trat ein weißer Schaum, brechend schloss sich ihr Auge und völlig erstarrt sank sie in Kunos Arme. Er legte die Bewusstlose auf das Lager und rief verzweiflungsvoll:

»Sie stirbt. Hilf, rette sie, Hexe – ruf alle deine Zaubermittel zu Rat«, wehklagte Kuno außer sich.

»Beruhigt Euch«, entgegnete die Alte. »Es ist nur ein Starrkampf, der sie befallen, nach einigen Stunden wird er sich wieder lösen.«

Sie bestrich Gisela mit einem aromatischen Öle, das sie in einer kleinen Flasche bei sich trug, machte einige mystische Zeichen über sie hin und bedeutete Kuno, sie nun nicht mehr zu berühren, bis sich wieder einiges Leben in ihrem Körper zeige. Kuno zog das Weib neben sich auf den Boden nieder und sagte:

»Nun, Alte, sollst du mir erzählen von ihr, so lange der tiefe Schlaf sie umfängt. Sage ohne Säumen, wie du mit ihr hiehergekommen und weshalb man sie in ihrem geisteskranken Zustande aus dem Kloster entließ. – Dann sollst du mir auch offen bekennen, woher Gisela stammt und wer ihr Lebensgeschick bestimmte. Diesmal entkommst du mir nicht«, setzte er drohend hinzu und packte dabei so fest ihre Hände, dass sie einen Schrei des Schmerzes ausstieß.

»Herr!«, jammerte sie. »Ihr zwingt mich – ich bin ein altes, schwaches Weib. Wohl, so erfahrt denn alles, was ich weiß. Die Sünde des Eidbruches, zu der Ihr mich nötigt, falle auf Euer Haupt.«

»So sei's. Mach keine Umschweife«, drängte Kuno, und das Weib begann:

»Auf welche Weise Gisela aus dem Kloster entkam, weiß ich Euch nicht mit Bestimmtheit zu sagen; was ich darüber hörte, ist, dass schon zu der Zeit, wo Ihr in die Waldhütte zu mir kamt, die Leute von einer Nonne jener Klause erzählten, die der unsaubere Lebenswandel ihrer Schwestern zum Wahnsinn gebracht; später hieß es jedoch, sie sei eine von Gott begnadigte Seherin, und die neugierige Menge drängte sich an die Pforte des Klosters, die Erleuchtete zu schauen. Der Erzbischof von Mainz mit anderen hohen geistlichen Herren kamen, die Sache zu untersuchen und zugleich auch Gericht zu halten über die ausgearteten Nönnlein. Aber zu letzteren seien die Herren nicht gekommen, denn – erzählt das Volk – die schlauen Schwestern hätten sie so gut bewirtet, gepflegt und unterhalten, dass ihnen bei kleiner Strafe völlige Absolution geworden sei. Während der Verhandlungen verschwand – ich weiß nicht auf welche Weise – Gisela aus dem Kloster. Ob man sie nicht so strenge wie gewöhnlich bewachte oder sie gerne entkommen ließ, weil sie zu viel von den Sünden der Klause sprach, weiß ich nicht, ebenso wenig, wie lange sie in den Wäldern umherirrte, doch mögen es Wochen gewesen sein. Eines Morgens stand sie vor meiner Hütte und rief meinen Namen. Sie war in schlimmem Zustande. Ich wollte sie pflegen und warten, doch ihr unsteter Geist verlangte, weiter zu ziehen. Sie sei gestorben und müsse in Eurer Burg umgehen bis zum Tage ihrer Erlösung, war der stetige Gedanke, der sie peinigte. Kaum vermochte ich sie, Speise und Trank zu nehmen und zu bleiben, bis ich ihr ein anderes Gewand angelegt; dann zog sie fort, ich ihr nach, bis sie hier ankam. Ich zeigte dem Geistlichen der Stadt da unten den Vorfall an. Man wollte sie in das Kloster zurückbringen, doch sie verfiel in gar zu böses Wesen, sobald man sie mit Gewalt von hier entfernen wollte, dass man es zuletzt nicht mehr versuchte, und da sie die verfallene Burg nicht verließ und niemand ein Leid zufügte, wehrte man ihr nicht länger, zu bleiben. Das Volk hat eine heilige Scheu vor ihr und weil sie selbst sagt, sie sei eine Gestorbene, glaubt der größte Teil daran und vermeidet, ihr zu nahen. So leben wir nun schon an zwei Jahre hier. Ich suchte in dem zerstörten Baue den wohnlichsten Raum für uns aus und sorge für die Kranke nach besten Kräften. Doch lange wird sie es nicht mehr treiben – und wohl ihr, wenn sie überwunden hat.«

»So holdes Leben so grausam zerstört!«, klagte Kuno und versank in trübes Brüten, aus dem er jedoch nach einer Weile plötzlich emporfuhr, die Alte abermals fest anfasste und zu ihr sprach: »Was du mir erzähltest, weiß wohl jedermann, der sich für die wahnsinnige Nonne interessiert, – aber wo die Arme das Licht der Welt erblickte, das ihr zur Geistesnacht werden sollte – wer ihre Erzeuger waren – wer ihr Geschick bestimmte, das ist es, was mich hauptsächlich zu wissen verlangt – denn ich möchte rechten mit denen, die Gisela vernichteten. Drum sprich, Gertrud, sage mir jetzt die Wahrheit.«

»Ich habe auch früher Euch Wahres berichtet«, erwiderte das Weib, »und dabei Euch gesagt, dass weiteres Nachspüren zu nichts fruchte. Doch meinethalb erfahrt alles: Ihr Ahn ist der einzige Verwandte, der ihr noch lebt und um ihr Dasein weiß, doch er ist ein hundertjähriger Greis und ist Mönch in einem Kloster, das er selbst gestiftet hat.«

»Der alte Ritter, der in Palästina war?«, fiel Kuno ein.

»Derselbe, Herr, der den Schleier der Entsagung für seine einzige Tochter von dort her mitbrachte.«

»Er tat in der Gefangenschaft ein Gelübde, sein Kind dem Kloster zu weihen? Nicht so?«

»Wie Ihr sagt, ist es. Doch Gisela, so nannte sich auch das Burgfräulein, hatte in Abwesenheit ihres Vaters mit einem fremden Manne einen heimlichen Ehebund geschlossen. Sie gestand der Liebe Schuld und der Treue Schwur, – und der Fluch des Vaters traf sie, den Liebsten Kerkersnacht. Da überkam sie böses Wesen und sie rasete wie eine Tolle durch die stille Burg. Man rief die Kräuterfrau zu Hilfe, als alle Gebete und Mirakel fruchtlos blieben, und es gelang mir, sie zeitweise in ruhigeren Zustand zu bringen. In einem solchen nahte ihre schwere Stunde – sie genaß eines Töchterleins.«

»Gisela?«, rief Kuno.

»Ja, Gisela, nach ihr so von mir genannt. Denn kaum geboren übergab der alte Ritter mir das Kind, um es in Armut, Einfalt und Vergessenheit aufzuziehen, bis ein Kloster es aufnehmen würde, auf dass es in heiligem Wandel die Sünden der Eltern sühne; und diese häuften sich, denn die Mutter, welche bei dem Anblicke des Kindes zu besserem Bewusstsein kam, geriet, als man es ihr nahm, in des Wahnsinns finsterste Nacht und stürzte sich von der Zinne der Burg in die Fluten des Rheins. Da wurde es dem alten Ritter unheimlich in seinem einsamen Hause; er übergab es einem Verwandten zum Eigentume und suchte Ruhe in dem Kloster, das er erbauen ließ und das eben vollendet worden. Dort lebt er nun schon lange Zeit und kann, wie die Sage geht, nicht Frieden im Tode finden, bis

Giselas Geist zur Ruhe gekommen, der in düstern Nächten um die Martern der Burg ächzt und stöhnt, und beim Mondenscheine über den Wellen schwebt, um den Schiffer, dem ein Unheil droht, mit klagendem Tone zu warnen.«

Kunos Haupt sank trauernd auf seine Brust und in tiefem Schmerze drang es aus ihr hervor:

»Armer Geist der armen Mutter – beklagenswertes Kind, das lebend tot, der Schuld und des Wahnes unglückliches Opfer ist.«

Dann kniete er an Giselas Lager nieder und sah lange in das bleiche, starre Angesicht der einst so Heißgeliebte. Tränen brachen aus seinen Augen und fielen auf ihre kalten Hände, die er mit Küssen bedeckte. Da zuckte es wie elektrisches Feuer durch ihren Körper, die regungslosen Züge belebten sich, und ihre Arme erhebend, ihm entgegen, flüsterte sie, während ein rührendes Lächeln ihren bleichen Mund umzog: »Kuno, du bist bei Gisela? Bist es wirklich, mein süßer Freund? – Ach, du belebst die Tote wieder, mit deinem warmen Atem. Komm, stütze mich – hebe mich empor.«

Er umfasste sie und richtete sie auf. Ihr Haupt sank an seine Brust und ihr dunkles Auge hing sich dankbar an ihn.

»So ist es gut«, fuhr sie leise fort. »Endlich wird der ruhelose Geist Frieden finden, und Giselas müdes Haupt zur ewigen Ruhe sich niederlegen. Wie meine Brust so leicht sich hebt – die schweren Sünden wälzen sich von ihr hinweg – auch die deinen, Kuno, hat meine Qual gesühnt, alle, alle. – Schüttle nicht dein Haupt – lass diesen Glauben mir, und halte auch du ihn fest, – recht fest – er führt zum Frieden, zur Seligkeit – zum Lichte! – Ach, Licht, – Luft, – Licht, – Luft, – es dunkelt – Kuno, auf – auf – Ruhe – Frieden.«

Ihr bleiches Haupt neigte sich gleich einer geknickten Lilie, um sich nicht mehr zu erheben. Kuno hielt die Tote umfasst, seine Lippen auf ihre kalte Stirn gepresst – während Gertrud die gebräuchlichen Sterbegebete murmelte; dann legte er sie sanft auf das harte Lager zurück und sank an demselben nieder. –

Der Tag brach an und sandte einige matte Lichtstreifen in das düstere Gemach; – die Sonne stieg höher und erhellte die Tote und ihre Umgebung; der Abend kam und gab mit seinem Dunkel allem dieselbe Färbung. Kuno bemerkte es nicht. Etwas zur Seite geneigt lag sein Haupt mit geschlossenen Augen neben dem Leichnam. Gertrud hatte sich entfernt und war in die Stadt hinabgegangen, den Sterbefall der geisteskranken Nonne dem Geistlichen anzuzeigen. Sie kehrte erst in der Nacht zurück und trat mit einem brennenden Kienspan in die dunkle Totenkammer. Nachdem sie das flackernde Licht in einer Mauerritze befestigt, nahte sie dem Lager und rüttelte Kuno aus seiner Erstarrung auf.

»Ist's schon Zeit, sie zu begraben?«, fragte er emporfahrend. »Wohlan, es sei. Auf der Haide ist eine heilige Stätte, – da ruhe sie sanft.«

»Mitnichten, Herr«, widersprach Gertrud. »Große Ehre widerfährt der Toten. In der Kirche der Stadt, wo die edlen Geschlechter beigesetzt werden, soll ihre ewige Ruhestätte sein. Als eine Heilige, eine von Gott erleuchtete Seherin wird sie zu Grabe geleitet, und die Stätte, wo ihre Gebeine ruhen, soll ein Wallfahrtsort für fromme, gläubige Seelen werden.«

»Auch noch im Tode gönnt man der Armen keine Ruhe!«, rief Kuno klagend aus und warf sich weinend über den Leichnam. »Ich hätte Lust, um dich zu ringen, und ehe sie mit ihrem frommen Prunke kommen, dich einzubetten in das stille Grab der öden Haide; – doch es ist umstarrt von Eis und Schnee und ich kann es nicht öffnen und muss deinen Leichnam anderen überlassen. Tot wie lebend fällst du frommem Wahn anheim, und ich vermag es nicht zu ändern.«

Er drückte noch einen Kuss auf die eisigen Lippen der Toten, dann stürzte er hinaus in die winterliche Nacht.

Am frühen Morgen bewegte sich ein langer Zug, einer Prozession ähnlich, den steilen Berg hinauf, die Leiche der Nonne hinab zu geleiten in die Kirche, wo sie nach einem feierlichen Totenamte in einer Seitenkapelle beigesetzt wurde. Lange Jahre blieb Giselas Grab ein vielbesuchter Wallfahrtsort; doch welchem Hause und Geschlechte die Heilige entstammte, blieb in geheimnisvolles Dunkel gehüllt.

An dem Tage, wo die Nonne ihren Geist aufgab, starb auch der alte Mönch in dem Kloster, das er gestiftet; auch Gertrud lebte nur noch wenig Jahre, und das Geheimnis von Giselas Geburt sank mit ihr ins Grab. Als der uralte Mönch gestorben war, wurde das Gerücht verbreitet, der Geist seiner unglücklichen Tochter sei durch fromme Gebete und heilige Messen erlöst worden, drum sei auch er jetzt versöhnt mit Gott zur ewigen Ruhe eingegangen. Allein die lustige Gestalt des Burgfräuleins wollte dennoch nicht entschwinden, die Schiffer, die in stillen Mondnächten den holden Geist zwischen lichten Wolken über dem Rheine schweben sahen, bei stürmischem Wellengebrause in dem weißen Schaume erblickten und warnende Töne bei drohenden Gefahren von ihm vernahmen, trennten sich nicht mehr von dem ihnen liebgewordenen Wesen und bei allen Schauern, die das Gespenstische hervorruft, blieben sie dabei, dass man von Zeit zu Zeit den Geist Giselas in klagenden Lauten vernehme und ihre leichte, weiße Gestalt noch immer erblicke.

Kuno trieb es unaufhaltsam fort von der unheimlichen Burg. Er hatte Hemmas letzten Gruß bei Giselas letztem Blicke vergessen, nun aber mahnte ihn wieder der Schwester liebes Bild zu dringender Eile. Wetter und Wege waren ihm günstiger als seither, und nach wenigen Tagen hatte er Eltville erreicht. Er wandte sich zuerst nach dem Obstgarten mit der kleinen Hütte und obgleich er sich sagen konnte, und es auch tat, dass er sie hier nicht finden werde, berührte es ihn dennoch wie eine schmerzliche Ahnung, als er den Garten verschlossen fand. Ängstlich, zaghaft klopfte er an dem Patrizierhause an. Katharine trat ihm zuerst entgegen. Noch war ihr zartes Angesicht von dem samtenem Rosenschmelz der Jugend angehaucht, wie er es zum ersten Male gesehen, doch war sie größer geworden und schlanker und hatte einen viel ernsteren Blick. Sie erschrak etwas, als sie ihn erkannte, und eine rasche Frage schwebte auf ihren Lippen, allein sie schnell unterdrückend, nahm sie nach einem Willkommensgruße schweigend seine Hand und führte ihn in eine geräumige Stube, wo Else am Spinnrocken saß, neben ihr Pater Martin, mit einem Buche in der Hand, aus dem er ihr vorlas.

»Hemmas Bruder!«, sagte Katharine, auf Kuno zeigend.

Else begrüßte ihn mit einem Freudenschrei, denn bei seinem Anblicke schwoll ihr das Herz vor Wonne ; – er musste ja Nachricht bringen von dem fernen lieben Sohne. Der Pater legte sein Buch zur Seite und sah den Fremden forschend an. Kuno wandte sein Auge suchend umher, dann fragte er unter fast hörbarem Herzklopfen: »Wo ist Hemma, meine Schwester?«

Elsens freudige Miene wurde bei dieser Frage ernster! Es fiel ihr ein, dass man dem Bruder zuerst von seiner Schwester erzählen müsse, ehe man Fragen an ihn richten dürfe. Martin trat auf Kuno zu und sprach mit Salbung, aus der jedoch Teilnahme und Rührung hervorleuchteten:

»Mein Sohn, deine Schwester Hemma nennt sich jetzt Schwester Bertha und ist seit einigen Tagen Nonne im Kloster der armen Klarissinnen geworden, wo sie durch meine Vermittlung aufgenommen wurde.« »Das lohn

Euch Gott nicht!«, fuhr Kuno auf. »Ob tot oder lebendig begraben – kommt ziemlich auf eins heraus. O, Hemma, Hemma, nun sehe ich dich niemals wieder!«

»Ihr seid aufgeregt – tröstet Euch!«, beschwichtigte Else. »Glaubt, es war das Beste für Hemma und war ihr sehnlichster Wunsch.«

»Auch sie dahin für mich – Gisela, – Hemma – armes Herz, was bleibt dir noch übrig?«, klagte Kuno, ohne auf Elsens Trost zu hören.

Da – mit einem Male stand Gutenbergs ernste Gestalt mit vorwurfsvollem Blicke vor seinem innern Auge, und Angelos holdes Bild klagte ihn des Undanks an. Katharina trat jetzt zu ihm und reichte ihm teilnehmend die Hand und sagte mit ihrer silberhellen Stimme:

»Seid nicht so traurig, – Eure Schwester ist nicht verloren für Euch – sie denkt Eurer, sie betet für Euch – ihre Liebe ist Euch treu, immer, ewig, – in der Liebe lebt man fort, ein gemeinsames Leben, ob auch getrennt durch heilige Mauern, ob geschieden durch das Grab; – sie bleibt immer bei uns, denn sie ist ein ewig Teil, ein Ausfluss Gottes, der Menschen höchstes Gut, das Raum und Zeit überspringt und die Seelen fest zusammenkettet.«

Katharinas Auge leuchtete heller und ihr zartes Antlitz tauchte sich in Rosenglut. Sie war wunderbar schön und Kunos Schmerz beugte sich, bezwungen von ihrer engelhaften Anmut und frommen Lieblichkeit.

Er erzählte nun der sehnsüchtig darauf harrenden Mutter von dem fernen Sohne, und sie wurde nicht müde, zu fragen und wieder zu fragen, das Gehörte noch einmal zu hören und es dann dem Pater und Katharina zu wiederholen. Diese lauschte andächtig auf alles, doch Fragen richtete sie keine an Kuno; – der Pater jedoch wollte dies und jenes noch näher erörtert wissen. – So ging ein Abend, ging ein Morgen hin.

Der alte Gensfleisch und Frielo störten sie nicht in ihrer stillen Freude. Beide waren abwesend. In Mainz hatte es wieder einmal Unruhen zwischen der Bürgerschaft und dem Klerus gegeben, die sehr ernstlicher Natur zu werden drohten. Schnelle Kunde von den Vorfällen der Vaterstadt zu erhalten, waren sie mit mehreren ihrer Standesgenossen nach Biebrich geritten, das Mainz viel näher lag. Der Erzbischof hielt sich eben in Aschaffenburg auf und Bote auf Bote wurde von der geängsteten Geistlichkeit an ihn gesendet, allein er mochte sich nicht selbst in die Händel mit der mächtigen Stadt mischen, da er seiner Herrschaft nicht recht traute und sandte nur Mahn- und Drohbriefe an die gewalttätige Bürgerschaft, welche jedoch nichts fruchteten.

Die Zünfte, die seit der Vertreibung der Patrizier uneingeschränkt herrschten, hielten ihre Macht für unüberwindlich und ließen ihr Übergewicht, oft in derber Weise, die geistlichen Herren empfinden, und obschon es zuweilen zu einer scheinbaren Versöhnung zwischen ihnen kam, loderte das gegenseitige Misstrauen bei der kleinsten Gelegenheit immer wieder zu hellen Flammen des Hasses empor.

Die Familie Fust stand an der Spitze der mächtigen Bürgerschaft, und Margarethens Gatte, der berühmteste Goldschmied in der Stadt, hatte sich zu einem der ersten an Rang und Ansehen emporgeschwungen. In dem neuen Stadtrate, der durch seinen Einfluss an die Stelle des alten gesetzt worden, behaupten ausschließend die jüngeren Glieder der angesehensten Familien Sitz und Stimme, und es wurde dadurch gar manches Unüberlegte, manches allzu Übermütige zu Tage gefördert. So steigerte sich der Unfriede mit der Geistlichkeit zu einer so leidenschaftlichen Höhe, dass es endlich zu offenen Gewalttätigkeiten kommen musste, bei denen die Bürger der gesamten Geistlichkeit die Tore der Stadt öffneten, um sie hinter ihr fest zu verschließen.

An dem Tage, wo Kuno sich in Eltville aufhielt, flüchtete sich das Domkapitel samt einer Menge anderer geistlicher Herren nach Eltville, wo einige Tage später der Erzbischof zu ihrem Troste und Schutz eintraf. Seine Bemühungen jedoch, eine schnelle Versöhnung mit der mächtigen Stadt herbeizuführen, blieben ganz erfolglos. Die stolze Bürgerschaft zeigte sich nicht zu dem geringsten Nachgeben bereit und zog es vor, lieber mehrere Jahre ohne allen Kirchendienst zu bleiben, als nur einige Macht dem Klerus einzuräumen. So blieb das kleine Eltville mit Geistlichen übervölkert, und auch in dem Hause Frielos wurden verschiedene Räume zu ihrer Aufnahme hergerichtet. Else und Katharine bekamen dadurch viele Beschäftigung und konnten zu ihrem großen Leidwesen nach dem ersten Abend und Morgen sich nicht mehr mit Kuno befassen. Else bat ihn, zu bleiben, bis es wieder ruhiger geworden, doch es duldete ihn nicht länger hier. Der Ausstand in Mainz gab ihm die Hoffnung, Hemma zu sehen. Er dachte, die Klosterpforte würde sich ihm jetzt leichter zu einem Besuche bei seiner Schwester öffnen. Und so war es auch. Er sah Hemma noch einmal am Gitter des Sprechzimmers; sein Anblick erschütterte sie, doch schnell diese Erregung bekämpfend, faltete sie andächtig die Hände über der Brust und senkte ergeben das Auge. In dieser Stellung verblieb sie so lange, als er da war, und nur leise und kurz antwortete sie seinem Schmerz und seinen Klagen; nur als er ihr Lebewohl für immer sagte, blickte sie noch einmal innig zu ihm auf und sprach in wärmerem Tone:

»Traure nicht um mich. Mir ist wohl in dem stillen Hause, in seiner heiligen Armut, in Arbeit und Gebet. Gott sei mit dir und beschütze dich. Wenn du betest, dann denke mein, dann werden unsere Seelen sich begegnen.«

Ein Glöcklein ertönte. Sie bekreuzte sich und sagte noch schnell und dumpf:

»Suche mich hier nicht mehr auf«, dann schlich sie langsam von hinnen.

Kuno schlug den Weg nach Böhmen ein. Dort loderte schon seit fünf Jahren die grausige Kriegsfackel, zu der Hus' Scheiterhaufen den zündenden Funken getragen, den Unduldsamkeit und Herrschsucht fort und fort schürten, bis er in dem blutig roten Strahl religiösen Fanatismus' aufflammte, um Völker und Länder zu vernichten.

Die Hussiten, in verschiedene religiöse Sekten geteilt, die sich in Fanatismus und Grausamkeit überboten, trugen unter ihrem geschickten Anführer Ziska stets den Sieg über die Heere davon, welche Sigismund zu ihrer Bekämpfung nach Böhmen sandte. Deutschland litt fürchterlich unter diesem Kriege. Tausend und abertausend Leben wurden hingeschlachtet auf eine Weise, wie die Geschichte sie nur in den Schreckenstaten barbarischer Horden noch aufgezeichnet hat.

Wenzel war gestorben. Der deutsche König, der durch seine Heirat mit einer ungarischen Königstochter zugleich König von Ungarn war, wollte sich nun auch mit der Krone seines Erblandes schmücken, doch nur nach vielen Kämpfen und Mühen gelang es ihm endlich, sich in Prag krönen zu lassen. Allein er konnte sich nur kurze Zeit dort halten und während der Krieg mit erhöhter Grausamkeit fortwütete, machte er nach seiner Gewohnheit Reisen, verschwendete die Zeit mit tollen Streichen, Liebesabenteuern und üppigen Gelagen, welche die Städte und Länder, die er besuchte, bezahlen mussten.

In Deutschland herrschte wie fast zu allen Zeiten Uneinigkeit; seine vielen Häupter waren nicht einmal fähig, ein Kriegsheer zusammenzubringen, das die deutschen Grenzländer gegen die Gräueltaten der Hussiten geschützt hätte. Wohl wurden Reichstage aufgeschrieben und kamen auch teilweise zu Stande; auch fehlte es auf ihnen nicht an weisen Beratungen und Beschlüssen, die zu Papier gebracht wurden; allein die Ausführung derselben erlag stets an der Ohnmacht einer zersplitterten Nation und dem finstern Drucke, mit dem man jede geistige Erhebung des Volkes niederzuhalten suchte.

Kuno, der in diesem grausamen Krieg, dessen Schrecknisse nur wie eine Märe an sein Ohr geklungen, einen heiligen Kampf um Recht und Glaubensfreiheit sah, beschloss, sich dem Hussitenheere anzureihen und unter seinem mächtigen Anführer um ein Gut zu kämpfen, das ihm nur aus blutigen Schlachtgefilden, nicht aber, wie Gutenberg meinte, aus friedlicher Arbeit hervorzugehen als möglich erschien. Die Beruhigung, welche sein Gemüt einige Jahre an der Seite seines ernsten Freundes gefunden, schwand ihm wieder an Giselas Totenbett, bei seinem Abschied von Hemma. Doch trieb ihn jetzt sein verworrenes Geschick, das ihn erst unstet und ruhelos umhergetrieben und zu abenteuerlichem, dem Versinken nahen Leben geführt hatte, zu kräftigerer Tat an, hinein in die wilden Stürme der Zeit. Nach einer mühsamen Wanderung erreichte er Böhmen und schloss sich den kämpfenden Hussiten an. Die allseitig verworrenen Zustände mit ihren Schwankungen, ihren Lastern und Gräueltaten und ihrem wilden Aufschwung, rissen ihn unaufhaltsam mit sich fort; sein eigenes verworrenes und zerstörtes Leben spiegelte sich gleichsam darin ab, sie beherrschten darum auch seine Seele mit größerer Macht, als der kurze Ruhepunkt, den sie in friedlicher Arbeit gefunden. Plötzlich wieder schmerzlich aufgestachelt, sah er nur in den roten Wellen des Krieges noch eine passende Stelle für sich.

Als Kuno in Böhmen ankam, war grade Ziska, der große und grausame Führer der Hussiten gestorben. Die Böhmen zerfielen nach seinem Tode in viele fanatische Sekten und das gewaltige, kriegsgeübte Heer drohte sich zu zersplittern; allein Ziska hatte für seine Waisen, wie sich das Heer nach seinem Tode nannte, gesorgt und ihm zwei tüchtige, geschulte Anführer hinterlassen in den beiden ehemaligen Mönchen Prokop, dem Großen, und Prokop, dem Kleinen. Ihnen gelang es, sobald Gefahr von außen drohte, die Parteien zu vereinen und sie so gegen jeden Angriff unüberwindlich zu machen. Wo es galt, die deutschen Heere zu vernichten, die deutschen Grenzorte zu zerstören und Gräuel mit Gräuel hundertfach zu vergelten, waren die Fanatiker eins und wurden zu einem Schrecken, der ihnen schon im Voraus den Sieg sicherte.

Vor Kuno entwickelte sich mit einem Male in voller Wirklichkeit das grausigste Kriegsbild, das je die Welt gesehen. Erstickt unter Blut und Leichen lag der helle Funken, der aus Hus' Scheiterhaufen aufgesprüht. Allein einmal hineingetrieben in diesen trüben, blutig roten Strom, der seine klare Quelle verleugnete, wurde er von ihm fortgerissen trotz dem Entsetzen, das sein Höllenschmutz ihm hervorrief. –

Doch wir müssen diesen unsteten Wanderer vorerst seinem Schicksale überlassen und uns weit von ihm an den blauen Spiegel des adriatischen Meeres versetzen, zunächst in die mächtige Lagunenstadt, das reiche, stolze Venedig, das im Laufe des fünfzehnten Jahrhunderts den Zenit seiner Macht und Herrlichkeit erreichte und wo, was uns zunächst interessiert, wir Gutenberg nach einigen Jahren der Mühen und vielfacher Drangsale und Gefahren mit seinem treuen Lorenz im Hause Antonios wiederfinden.

4.

Venedig, im fünfzehnten Jahrhundert auf dem Gipfel seiner Macht, bot in seiner abgeschlossenen Gestalt wohl das glorreichste und interessanteste Städte- und Staatenbild jener Zeit. Seine Entwicklungsweise, wie seine damalige Größe und Kultur erinnerten, gleich einem Traume, der mit spielender Willkür dahingeschwundene Begebenheiten zurückführt an die Entwicklungsgeschichte und die schönen Zeiten des klassischen Altertums. Anfang, Wachstum und Blüte standen ein selbständiges, aus sich hervorgegangenes Ganze da, mit der Krone der höchsten Kultur jener Zeit auf dem stolzen Haupte. Kunst, Wissenschaft, Handel und Industrie blühten wie duftende Blumen um die Marmorpaläste des Reichtums, den das Meer seiner Beherrscherin zuführte, die inmitten seiner Wogen auf kleinen Sandinseln kühn emporsteigend, nach wenigen Jahrhunderten dazu herangewachsen war.

Das mächtige Venedig beherrschte von der Mündung des Po bis an den äußersten Osten das Mittelmeer, sein Handel dehnte sich über die bekannte Welt aus und seine kriegerische Macht blieb bis in das sechzehnte Jahrhundert eine der bedeutendsten.

In dieser weltberühmten Stadt, welche alle anderen Städte Italiens überragte, stand, wie wir wissen, auch das Haus Autonios. Es war kein prächtiges Marmorgebände mit stolzer Fassade und noch stolzerem Wappen, noch befand es sich in den von Handel und Industrie belebteren Teilen der Stadt. Es lag auf einer der kleinen Inseln, welche gleichsam die Vorstädte Venedigs bildeten, und lag auch hier abgesondert von dem allgemeinen Verkehr seitwärts an dem Meeresgestade. Die nach der Stadt zugekehrte Seite des Hauses war schmal und sah fast düster grau aus, während es nach dem Meere hin in zwei längliche Flügel auslief, die viel Raum im Innern verrieten und mit hohen Fenstern und Balkonen versehen von Reichtum und Geschmack zeugten. Zwischen diesen beiden Hausflügeln lag anmutig ein kleiner Garten voll schöner Blumen, welche Mandel- und Orangenbäume überragten. Antonio bewohnte dieses Haus seit dem Tode seiner Gattin, die er schon vor vielen Jahren verloren. Er legte in dieser Zeit tiefer Trauer seine kaufmännischen Geschäfte nieder und zog mit seinem einzigen Kinde hieher, als einem der schönstgelegenen Punkte Venedigs. Langjährige Gewohnheit jedoch veranlasste ihn im Laufe der Zeit, hin und wieder Geschäfte abzuschließen, was ihn, wie der Wunsch seines Kindes, die Ufer des Rheines zu sehen, noch einmal nach Deutschland brachte, wo er Gutenberg und Kuno kennen lernte.

Gutenberg fand, was ihm Antonio zugesagt, eine gastfreundliche Aufnahme in seinem Hause und fand, was er nicht erwartet hatte, den holden Knaben Angelo in eine schöne Jungfrau umgewandelt, deren Zauber ihn unwiderstehlich hinriss. Die südliche Glut ihres Auges, die Lebendigkeit ihrer Bewegungen, der schmelzende und doch so frische Klang ihrer Stimme überraschten und fesselten ihn mit jener Macht, die ein junges, heißpulsierendes Leben selten auf ein stilles, ernstes Gemüt verfehlt. Die Verwandlung des Knaben in ein Mädchen war noch ein besonderer Reiz, der Angela wie ein süßes Rätsel umgab, dessen Lösung so leicht und doch so wunderbar überraschend war.

In dem schönen und äußerst wohnlich eingerichteten Hause Antonios fühlte sich Gutenberg bald so heimisch und wohl, als nur einmal an der Seite seiner Mutter, – ja alles, was ihn hier umgab, war ansprechender, weit geschmackvoller und freundlicher, als im Hofe zum Gutenberg, oder gar in dem alten Familiensitze zu Eltville. Wie angenehm und bequem fand er sich hier gebettet, war alles geordnet und kaum bemerkte man die Winke der gütigen Fee, die wie mit leichtem Zauberstab über der anmutigen und behaglichen Eleganz des Hauses waltete. Das ängstliche, oft so sichtbare Bemühen einer deutschen Frauenhand, die Fäden des häuslichen Gespinstes unverworren zum glatten Gewebe zusammenzufügen, war in Angelas ordnendem Walten nicht zu entdecken, scheinbar unbekümmert um die Sorgen und Mühen des Haushalts glitt alles, wie von selbstverständlich, leicht und sicher durch ihre zarten Finger, kaum angeschaut und doch beherrscht von ihrem Auge. Es war so ruhig und friedlich in dem schönen Hause, allein weit entfernt von jener langweiligen Ruhe des täglich sich gleichmäßig wiederholenden. Gab's auch im Ganzen wenig Veränderung, war das Alltägliche doch mit tausenderlei kleinen Abwechslungen gewürzt, denen Angelas holdes Wesen stets neuen Reiz verlieh.

Johann hatte Angela viel zu erzählen von seinen Wanderschaften, – sie ihn viel zu fragen, und so kam ihre Unterhaltung häufig auch auf Kuno, dessen Geschick Gutenberg bekümmerte, und das junge Mädchen mit dem teilnehmendsten Interesse erfüllte.

»Fürchtet Ihr nicht«, fragte sie ihn eines Tages in einer stillen Abendstunde, wo sie allein zusammen waren, »dass er in dem harten Kampfe seines Lebens untergehen wird? Vielleicht schon untergegangen ist?«

Gutenberg fand keine befriedigende Antwort auf diese Frage, die fast tonlos aus Angelas Mund gekommen. Nach einer Pause fuhr sie lebhafter fort:

»Lasst uns hoffen, Junkherr Gutenberg, dass es nicht so ist – ja, lasst uns fest daran glauben, dass der bessere Teil seiner Seele ihn über die Klippen und Abgründe seines Lebens hinwegbringen wird.«

Ein feuchter Schimmer milderte die Glut ihres Auges, als sie dies sprach und auf die frischbleichen Wangen trat ein rötlicher Glanz, der die Schönheit ihres Gesichtes wunderbar erhöhte.

Gutenbergs Blick hing gefesselt an Angelas bezauberndem Reize, und ein Weh, dessen Ursache er nicht ergründete, zog durch sein Herz.

Antonio trat ein und teilte seinem Gaste mit, dass er für ihn die Erlaubnis erwirkt habe, in der berühmtesten Glasfabrik Venedigs aus- und einziehen zu dürfen, ja, wenn er es wünsche, er daselbst Beschäftigung finden könne.

»Das ist's, was ich will«, fiel Gutenberg in rascherer Weise ein, als er sonst zu sprechen pflegte. »Schon zu lange lebe ich in süßem Nichtstun hier in Eurem Hause, mein edler Freund. Es wohnt sich allzu gut bei Euch – allzu schön – und Zeit ist's, höchste Zeit, mich loszureißen, und mich wieder ganz dem ernsten Zwecke meines Lebens zu weihen.«

»Tut, wie Ihr wollt«, erwiderte Antonio, Gutenbergs Hand drückend. »Kein Zwang, nicht einmal der der Bitte, soll Euch bestimmen, bei uns zu bleiben; – doch, meine ich, welchen Lebenszweck Ihr auch verfolgt, so lange er Euch in Venedig hält, könntet Ihr in meinem Hause wohnen. Seht es als Eure Herberge an, – Ihr findet keine bessere – und mir und Angela macht es Freude, wenn Ihr so tut.«

»Gewiss, Junkherr Gutenberg«, bestätigte Angela, »Ihr bleibt in unserem Hause – müsst drin bleiben. Beschäftigt Euch, so viel Ihr wollt, außer demselben, nur kehrt immer wieder zu uns zurück. Ihr habt so viele Drangsale auf Euren Wanderungen gehabt, dass ich Euch pflegen und warten möchte, so lange Ihr in Venedig weilt. Drum lasst es Euch in Euren Feierstunden in Antonios Haus so wohl gefallen wie seither.«

»Dank, Dank für so viel unverdiente Güte«, erwiderte Gutenberg schwankend.

»Mein guter Vater«, wandte sich Angela in etwas gezwungenem heiterem Tone zu Antonio, »suche unseres Gastes etwaige Bedenklichkeiten zu beschwichtigen. Mit ihm zöge ja auch Lorenz, unser treuster, dienender Geist aus dem Hause, und ebenso die schöne Hoffnung, den fahrenden deutschen Spielmann noch einmal zu sehen.«

Sie verließ bald darauf das Gemach und ging in den anderen Flügel des Hauses, dessen äußerste Zimmer, welche einen herrlichen Blick über das Meer hin gewährten, zu ihrem speziellen Gebrauch hergerichtet waren. Ihr eigener Geschmack und die Liebe eines zärtlichen Vaters hatten diese Wohnung zu dem reizendsten Aufenthalt geschaffen, der im Schoße eines Hauses dessen Kind und Herrin werden konnte. Schöne Kunstgegenstände wechselten mit den anmutigsten Dingen des Luxus in sinniger Weise ab, und beide waren geziert mit den prangenden und duftenden Erzeugnissen der südlichen Erde, die sich in Laubgewinden vom dunkelsten bis zum hellsten Grün durch die Zimmer schlangen und in glühender Farbenpracht die weißen Wände verschönten. Die Flügeltüren nach einem Balkone, auf welchem der reichste Schmuck von Floras Kindern beisammen war, standen offen und die weiche Seeluft trug ihre süßen Düfte Angela entgegen. Sie trat hinaus zu ihren Lieblingen und wiegte einen Augenblick ihr schönes Haupt in der Fülle ihrer zarten Kelche, gleichsam sie liebkosend, dann griff sie nach einer Harfe, die an einer Zypresse lehnte, und entlockte ihren Saiten einige Akkorde, die voll und tief in die Nacht hinausklangen. In der Ferne zogen rötlich graue Wolken auf, doch über Angelas Haupt wölbte sich der Himmel im schönsten Blau, auf seinem Grunde den vollen Mond tragend in seiner heiteren, ruhigen Majestät, gleich einem glücklichen Beherrscher, den ein glänzender Hofstaat umgibt. Angela sah aufwärts nach den Sternen und während ihre Finger leicht über die Saiten glitten, sprach sie laut hinaus:

»Wie schön, wie herrlich ist dein Himmel, mein großes Venedig – und ich bin deine Tochter, schöne, stolze Stadt! Ist das nicht genug zum Glücke eines ganzen Lebens? – Zu was quälst du dich, kleines Herz, mit romantischen Grillen, die du in eigensinnig kindischer Weise festzuhalten suchst? War ich denn nicht noch ein ganzes Kind, als sein Anblick – und mehr noch sein abenteuerliches Geschick mich fesselte? Was klage und fürchte ich um sein Leben? – Steht es doch dem meinen so ferne. – Eine Träne des Mitleids weine ihn nach mein Auge, mein Herz – damit aber sei es genug!«

Sie wischte sich mit rascher Bewegung eine hervorquellende Träne ab, griff dann stärker in die Saiten der Harfe und sang mit heller Stimme in die geheimnisvolle Ferne des Meeres hinaus:

Könnt ich dich doch in jenen ew'gen Räumen
Du leuchtender Pilote dort begleiten,
Mit deinem Spiegelbild die Flut durchschreiten
Und golden der Lagunen Wellen säumen.

Ich seh der Adria Gewässer schäumen,
Könnt ich hinab in ihren Schoß geleiten,
Ich möcht das Meer um seinen Sturm beneiden
Der es entreißet bangen schwülen Träumen.

So fühl ich Sehnsucht ziehn durch meine Seele,
Nach einem Etwas, das ich nicht erkenne,
Für das ich doch in süßem Schmerz entbrenne.

Was klagt im Lied die holde Philomele,
Was heißt sie ziehn vom fernen Heimatstrande
Rastlos dahin wohl über Meer und Lande? –

Durch einen der Kanäle, die in das Meer mündeten, kam inzwischen ein kleines Fahrzeug heran. Angela bemerkte es nicht. Es hielt unweit ihres Balkons an, doch sie sah nicht hinab, ihr Blick schweifte hinaus in die Ferne und hing sich an die unendliche Tiefe des Himmels. Da drang ein schmelzender Gesang, von einer Mandoline begleitet, an ihr Ohr. Etwas zusammenschreckend neigte sie ihr Haupt über die Brüstung des Balkons und entdeckte die schlanke Gestalt eines Mannes in einer dunklen Gondel. Eine unangenehme Empfindung schien sie bei diesem Anblicke zu überkommen, denn in halb ärgerlichem, halb ängstlichem Tone flüsterte sie:

»Er ist es. Mein Gott, was soll daraus werden?«

Der Gesang dauerte fort. Angela grüßte hinab; doch keine der vielen Blumen, die um sie her blühten und dufteten, fiel zu den Füßen des Sängers, so sehr ihn auch noch nach solchem Liebesgeschenk verlangen mochte, denn er begann nach einer Pause vergeblichen Harrens wieder:

O neige dich vom glänzenden Balkone
Du meines Lebens Sonne zu mir nieder,
Hör gütig meine heißen Liebeslieder,
Und sei mir hold, du aller Frauen Krone!

Wie eine Königin von ihrem Throne,
So wirf die Rose mir von deinem Mieder
Sie dufte dann an meinem Herzen wieder
Der tief verborgnen Liebe dort zum Lohne.

Madonna, höre du mein heißes Flehn; –
Kann meiner Liebe Glut dich nicht erweichen,
Soll ich verschmachtend hier im Dunkeln stehn?

O send herab das süße Liebeszeichen!
Glückseligkeit, o Wonne ohne Gleichen,
Wenn ich dich werd in meinem Arme sehn.

Angela trat während des Gesanges von dem Balkone zurück. Ein plötzlicher starker Luftzug fuhr über die Lagunen, sauste um den Balken und entführte einer chinesischen Vase ein zierliches Bouquet. Es fiel in die Wellen unweit der Gondel. Der Sänger haschte zu rasch darnach und stürzte in die Fluten, als eben Angela wieder auf den Balken trat. Ein Aufschrei des Entsetzens entfuhr ihr. Sie wollte nach Hilfe rufen, doch schon sprang ein Mann von dem steilen Ufer hinab und fasste mit starker Hand den eben Untersinkenden, und ihn nach sich ziehend, kämpfte er so lange mit dem gefährlichen Elemente, bis er die Blumen erbeutet hatte.

Unterdessen waren auf Angelas Schreckensruf einige Diener herbeigekommen und eilten ihrem Befehl zufolge durch den Garten, von dem eine Treppe an das Meer hinabführte, um von dort aus wo möglich den Gefährdeten beizustehen. Die Gondel fuhr gleichfalls zu ihrer Rettung heran, erreichte sie glücklich und nahm sie auf. Einige Minuten nachher hielt das kleine Fahrzeug an der Treppe, auf welcher Antonios Diener zur Aufnahme des Verunglückten bereit standen, der besinnungslos und schneller Hilfe benötigt war. Man eilte, ihn in das Haus zu bringen, aus dem eben Antonio und Gutenberg traten. Auch Angela kam herbei, um das Nötige anzuordnen. Sie befahl, schnell einen Arzt zu holen und den Bewusstlosen indessen zu erwärmen. Ihr Vater folgte ihm in das Haus; sie trat einige Schritte vor, den Retter zu begrüßen, ihm zu danken und ihn einzuladen, sich im Hause zu erholen. Gutenberg hielt ihn umfasst und sein triefendes Haupt lag fest an seine Brust gepresst.

»Was fehlt dem mutigen Manne?«, fragte Angela besorgt.

Da hob er sein Haupt empor, – und sein großes, blaues Auge hing sich wie bezaubert an das schöne Mädchen, während er den kühn eroberten Blumenstrauß an seine Lippen presste.

»Kuno, Ihr seid es? Ihr?«, bebte es von Angelas Lippen.

»Holder, süßer Knabe, so sah ich dich in meinen Träumen, so wie du jetzt vor mir stehst«, stammelte er mit mühsam zurückgehaltenem Entzücken, und sank, von einer gewaltigen Empfindung hingerissen, zu ihren Füßen und sah zu ihr auf, Vergebung flehend, die Hände andächtig um den Blumenstrauß gefaltet, wie um ein wundertätiges Amulett, dessen Schutz man zu bedürfen glaubt.

»Kuno, Ihr – Ihr seid es wirklich? –«, stammelte sie abermals, dann lächelte sie zu ihm nieder, dann zu Gutenberg auf, der ernst diese Szene mit ansah, und fuhr unter hervorbrechenden Tränen fort: »Ja, wahrhaftig, er ist's. – Kuno, unser Reisegefährte – der fahrende Spielmann.«

»Nein, dieser nicht mehr, schöne Donna«, rief Kuno, sich rasch erhebend und die langen Locken schüttelnd; »der liegt längst begraben in dem grauen Turme, von dem ich Euch einst eine Märe erzählte; – doch noch immer bin ich ein ruheloser Mensch, der nirgends eine bleibende Stätte findet, und auch hieher nur wallfahren kam, um die Heilige noch einmal zu sehen, deren strahlendes Auge wie ein himmlischer Stern in die Nacht seines Lebens geleuchtet – sie noch einmal schauen – zu ihr beten – und dann weiter wandern – weiter – fort – immer fort – bis das unstete, flackernde Licht seines Lebens erloschen.«

»Ihr seid allzu aufgeregt, Freund Kuno. Werdet erst wieder ruhig, ehe wir weiter mit einander reden«, bat Angela – doch er sprach in derselben Weise fort:

»Ich wollte Euch nicht nahen – Euer friedliches Leben nicht mit meiner Gegenwart stören, – nur aus der Ferne wollte ich noch einmal Euch schauen und ihn, Gutenberg, noch einmal ans Herz drücken, durch ihn Euch Grüße und mein Lebewohl für immer senden. Ihn suchte ich in Venedig und vermutete ihn in Eurem Hause. – Als ich es heute Abend spähend umschlich, erblickte ich Euch auf dem Balkone – Angelo – Angela – ich vernahm Eure süße Stimme, wie ein Himmelston klang sie mir durch die stille Nacht; – da nahte sich die Gondel Eurem Hause, ich hörte das Lied, das zu Euch um Liebe flehte – sah die Blumen, des Sängers Lohn, auf den Wogen tanzen; – sie mein zu nennen, sprang ich in die Wellen – nicht um ihn zu retten, dem Ihr sie gespendet – nein, nein, glaubt das nicht!«

»Doch Ihr tatet es«, fiel Angela schnell ein.

»Tat es unwillkürlich – aus Instinkt – nicht aus Edelmut, – – denn während meine Hand ihn über der Todestiefe hielt, schlug mein Herz voll Hass gegen ihn.«

»Weshalb gegen den Unbekannten?«, sagte sie tadelnd, setzte jedoch schnell hinzu: »War es so, war's umso edler, dass Ihr ihn dennoch gerettet.«

»Ihr nennt die Tat edel – wohl – behaltet diesen Glauben und lohnt mir mit diesen Blumen, Angela, gebt sie mir zum Eigentume.«

»Behaltet sie zum Angedenken an dieses Wiedersehen. Ich kann sie geben, wem ich will – denn sie waren dem Sänger nicht bestimmt. Der Wind nur, der über die Lagunen fuhr, trieb ein loses Spiel damit, und entführte sie dem Balkone.«

»Nicht Eure Hand warf sie in die Flut?«

»Nein, nein. Doch das ist ja von so wenig Belang, Freund Kuno – und von weit mehr, dass wir hier stehen und plaudern, während Eure durchnässten Kleider so nötig anderer bedürfen. Kommt, kommt schnell ins Haus. Ihr, Junkherr

Gutenberg, übernehmt es wohl, für den Freund zu sorgen. Wünscht nur, was Ihr bedürft, und es soll schnell zur Hand sein. Zum Abendimbiss sehe ich Euch wieder.«

Sie neigte leicht ihr Haupt gegen die beiden jungen Männer und verschwand im Hause. Gutenberg schlang seinen Arm liebreich um Kunos Nacken und zog ihn mit sich fort, Angela nach.

Auf einen freundlichen Ruf Antonios kamen sie nach einigen Stunden im Speisezimmer wieder zusammen, wo Angela in liebenswürdigster Weise die Hausfrau repräsentierte und mit anmutiger Lebendigkeit sie alle drei über eine gewisse Befangenheit hinwegbrachte, die sie unwillkürlich empfanden.

Der verunglückte Sänger hatte sich unterdessen auch wieder erholt, zog es jedoch vor, nicht mehr zu erscheinen und ließ sich mit der Unordnung seiner Toilette, wie seiner notwendigen, schnellen Heimkehr entschuldigen.

Antonio teilte mit, dass er Carlo Toletti heiße und der Sohn eines ihm sehr werten Geschäftsfreundes sei, mit dem er in langjährigen Verbindungen gestanden; Carlo wäre ein Mann von liebenswürdigem Charakter und vielen kaufmännischen Vorzügen und ein von ihm begünstigter Bewerber um Angelas Hand. In den Zügen des schönen Mädchens drückte sich bei Antonios Mitteilung einige Unruhe aus, während Kunos Auge einen Moment wild aufflammte, und Gutenbergs ernstes Angesicht noch ernster wurde. Die Unterhaltung geriet ins Stocken – da erhob sich plötzlich Angela und neigte mit ungemeiner Anmut ihre üppige Gestalt über den Tisch nach Kuno hin, indem sie ein Glas emporhob und halb scherzend, halb ernsthaft sagte:

»Da es dieses begünstigten Bewerbers um meine Hand bedurfte, Euch in unser Haus zu bringen, Meister Kuno, und Ihr doch wohl zufrieden damit seid, so lasst uns auf sein Wohl anstoßen und auch auf das Eure. Es lebe der Gerettete – es lebe der Retter!«

»Beiden sei dieser Becher geleert!«, setzte Antonio hinzu, einen goldenen Pokal erhebend, der vor ihm stand.

Als er ihn geleert, reichte er ihn Gutenberg und fragte:

»Erkennt Ihr ihn nicht? Er ging aus Meister Helferichs Werkstätte hervor. Ich kaufte dieses kunstreiche Meisterwerk, als ich das letzte Mal mit dem alten Goldschmied Geschäfte abschloss.«

Gutenberg nahm das blinkende Gefäß und sah es lange an. Es rief eine Menge Erinnerungen in ihm wach, Szenen aus seiner Kindheit: seine Spiele mit Margarethe, jenen Abend, wo er mit ihr auf der Spitze des römischen Pfeilers stand, und ihr Übermut ihr fast das Leben raubte, – die Stunde in der Werkstätte, in welcher Helferichs schönes Kunstwerk die Runde der aufgeregten Zunftgenossen kreiste. Es war derselbe Pokal – er erkannte ihn wieder; – ein Zeichen aus der fernen Heimat, in dessen blinkendem Metall sich ihm liebe Bilder von ihr abspiegelten, Bilder aus einer Zeit, welche magnetisch die Seele heimwärts ziehen, und schwelgte sie in fernem Lande selbst in Himmelswonnen.

»Ihr schaut so tief in den leerer Becher!«, scherzte Antonio. »Vergebt, dass ich ihn Euch ungefüllt gab – allein, seht, ich wollte das heimatliche Gefäß Euch nun voll heimatlichen Weines reichen. Schnell, Lorenz, gib jenen Humpen dort mit dem festverschlossenen Deckel. So, mein Junge, auch du sollst ihn kosten – deinen Landsmann: – Johannisberger. – Auf, Junkherr, stoßt an, das goldene Mainz soll leben! Die herrlichen Ufer des Rheins, samt dem Johannisberg mit seinen lustigen Mönchen, die so prächtiges Getränk mit uns teilen!«

Angela hielt lächelnd ihr Glas Kuno entgegen, während Antonio und Gutenberg ihre Becher leerten, doch er zauderte anzustoßen und als er es tat auf ihren wiederholten freundlichen Wink, stieß er so hart an ihr Glas, dass es zersprang und klirrend zu Boden fiel. Angela sah ihn betroffen an.

»Vergebt, meine Erinnerungen leiteten meine Hand«, sagte er bitter, dann bedeckte er einen Augenblick mit schmerzlicher Bewegung sein Gesicht.

»Denkt nicht an längst vergangene Dinge«, bat Angela. »Lasst den grauen Turm verwittern mit all seinem Weh, seinem Schmerz – und wenn Ihr durchaus etwas daran aufrecht erhalten wollt, so mögen es die Freuden sein, die Ihr einst dort genossen. Sie bringe jeder neue Tag Euch wieder, sie, die holden Himmelskinder – den Schmerz aber, der Erde Sohn, den legt in das Grab zu den Toten!«

»Ins Grab zu den Toten –«, wiederholte Kuno. »Ja, Ihr habt Recht, habt doppelt Recht, da die Freude, das holde Himmelskind, wie Ihr sie nennt, in Euch verkörpert vor mir steht. Wohlan, lasst uns anstoßen und fröhlich den Becher leeren, den silbernen Pokal, der nicht zerschellt. Es lebe die Freude, die Lust, die Liebe, der Wein!«

»Halt!« scherzte Angela, mit ihrer schönen Hand Kunos Becher niederhaltend, »So wild nicht, mein Freund. Die Freude, die dauernd beglückt, ist eine zarte Blume, welche ein starker Hauch leicht zu knicken vermag; drum nehmt nur statt des Bechers wieder das Glas zur Hand, das klare, durchsichtige, zerbrechliche Gefäß und stoßt damit an und horcht, wie lieblich es klingt, wenn wir die Freude leben lassen, die holde, schöne Freude, die uns in seliger Lust zu den Göttern erhebt und uns nicht berauscht, nicht betäubt bis wir ermattet zur Erde sinken, um in Schmerz wieder zu erstehen. Also, Freund Kuno, auf das Glück, wie ich es meine, stoßt an! Hier nehmt den Kristall mit dem perlenden Weine und lauscht wie hell es klingt.«

Sie sahen sich Auge in Auge, nahmen die Gläser und sie klangen harmonisch zusammen. Sie nippte am Rande des ihren – er leerte mit einem Zuge das seine, dann sank er auf seinen Stuhl zurück und schloss einen Moment sein Auge, – seit vielen Jahren zum ersten Male wieder von überwältigender Freude zugedrückt.

Ihr Blick blieb auf ihn geheftet, und eine Stimme in ihr sprach: »Er wird nach und nach genesen von den Wirren und Qualen seines Lebens.«

Antonio und Gutenberg hatten unterdessen in heiterem Gespräch die Ufer des Rheines besucht, und kehrten in Mainz, in Meister Helferichs Werkstätte ein, versetzten sich in den Hof zum Gutenberg und selbst in das minder freundliche Haus zu Eltville.

Johann gedachte mit Liebe der fernen Angehörigen. Antonio erzählte dagegen von seinen früheren Reisen in Deutschland, seinen Rheinfahrten und wie er als Handelsmann die Klöster und Burgen besucht und einst längere Zeit nach einem schweren Ereignis in einer solchen gefangen gesessen und nicht geglaubt habe, Italiens Himmel je wieder zu sehen.

Als Gutenberg ihn über die näheren Umstände seiner Gefangenschaft befragte, ging er jedoch schnell darüber hinweg und es schien, als bereue er, davon gesprochen zu haben. Nur mit einiger Anstrengung kam er wieder in die frühere heitere Laune, indem er mit einer raschen Wendung von den romantischen Ufern des Rheines nach Antwerpen und seinen letzten Geschäften dort überging.

»Ich habe alle die Kleinodien, die ich dort eingelöst, um gute Preise wieder verkauft«, erzählte er, »teilweise an ihre früheren Besitzer, den König Sigismund und seine Gemahlin ; nur von einem Geschmeide trennte ich mich nicht, weniger um seines Wertes, als seiner seltenen Fassung und Schönheit willen. Wie ich es sah, bestimmte ich es sogleich zum einstigen Brautschmuck meiner Tochter. Angelas Arme und Nacken sind seiner wert, wenn sie auch nur die Tochter eines Kaufmanns ist.«

»Für den Nacken einer Tochter Venedigs, so meinst du doch wohl, Vater, ist auch der herrlichste Schmuck nicht zu prächtig«, setzte Angela scherzend hinzu, doch hob sich unwillkürlich dabei ihr schönes Haupt so hoch und stolz empor, als sitze es auf den Schultern einer Königin.

»Ihr sollt entscheiden, ob der Schmuck ihr nicht passt, ganz wie für sie gemacht ist«, sagte Antonio mit der parteiischen Vorliebe eines Vaters, dessen größter Schatz sein Kind ist, – und er verließ seine Gäste, um den Schmuck zu holen.

»Ihr werdet ein schönes, seltenes Kunstwerk schauen«, entschuldigte Angela des Vaters zärtliche Eitelkeit. »Ob passend für mich oder nicht, gilt dabei gleich; und sollte es wirklich mein Brautschmuck werden, mag es noch lange in seinem zierlichen Behälter ruhen.«

Der Kaufmann trat wieder ein, ein Kästchen von Ebenholz, mit Gold eingelegt, tragend, und stellte es auf den Tisch.

Kunos Auge, das schwer von Angela lassen konnte, fiel nicht gleich darauf, erst als Antonio den Deckel öffnete und ein kostbares Geschmeide von Perlen und edlen Steinen, in wunderbar schöner Fassung, zum Vorschein kam, sah er darauf hin und kaum hatte er den Schmuck erblickt, als er erbleichend aufsprang, und ihn anstarrend mit bebender Stimme fragte:

»Wem gehörte dieser Schmuck?«

»Wie ich vermute, Sigismunds Gattin, der bösen Barbara«, erwiderte Antonio, der den Schmuck betrachtend Kunos Aufregung nicht bemerkte, und fort fuhr: »Mich wundert, dass sie ihn dem Könige zum Versetzen überließ, da sie ihm sonst wenig Vorschub für sein verschwenderisches Leben leistet, vielmehr die böse Sieben ist, die sein lustiges Treiben verfolgt.«

»Was ist Euch, Kuno?«, unterbrach Angela ihren Vater.

Alle sahen auf ihn. Sein Gesicht war totenbleich und verzerrt – die Lippen fest zusammen gepresst – die Augen, als wollten sie aus ihren Höhlen treten. Krampfhaft griff seine Hand nach dem Schmucke, riss ihn heraus und hielt ihn hoch empor, während seine Brust sich hob, als wolle sie zerspringen.

»Kuno, um Gotteswillen, sprecht, was ficht Euch an?«, flehte Angela in höchster Angst, und legte ihre Hand auf seine Schulter.

Bei ihrer Berührung entlud sich ein furchtbarer Schrei seiner gepressten Brust, dem leise die Worte nachfolgten:

»Der Schmuck war das Eigentum meiner Mutter, der Brautschmuck, den mein Vater ihr gab.« Dann stürzte er nieder, sein Angesicht an Angelas langem Gewand verbergend.

»Lasst mich mit ihm allein«, bat sie nach einer Pause des Schreckens. »Ich will ihn zu beruhigen suchen – ich vermag es am besten.«

Schweigend ging Antonio mit Gutenberg hinweg. Als sie allein waren, fasste Angela Kunos Haupt, richtete es empor, und bat ihn, ruhiger zu werden, – ihr zu vertrauen, – sie wolle sein Leid mit ihm tragen. Lange sprach sie zu ihm, bis er sie zu verstehen schien. Seine Gedanken weilten bei Erinnerungen und Entdeckungen, die selbst ihre holde Stimme nicht zu verdrängen vermochte. Endlich nahm er ihre Hand und sagte:

»Vor einer kurzen Stunde entschwand mir in der Freude, bei Euch zu sein, alles andere: die Schmach meiner Geburt, der harte Kampf meines Lebens, selbst die Rache, welche ich an dem Grabe meiner Mutter geschworen. Das blinkende Geschmeide, Euer Brautschmuck, rüttelte alles wieder wach. O, legt die Perlen nicht um Euren Nacken, schwere Tränen sind es – und schwere Taten haben sie mir offenbart, das Geheimnis mir enthüllt, dem ich vergebens bis jetzt nachgespürt. Nun kenne ich ihn, den Verbrecher –«

»Er ist Euer Vater«, fiel Angela schnell ein.

»Des Bastards Vater – der Mutter Mörder«, rief er wild.

»Nicht er hat sie ermordet«, mahnte Angela. »Sein rachsüchtig Weib tat es.«

»Doch er soll's büßen, – er und jener Verräter, der seinen Namen der Schande lieh. Ich werde sie beide finden – und ich schwöre –«

»Schwört nicht, jetzt nicht«, flehte Angela, seine erhobene Hand fassend und an ihr Herz drückend. Er bebte zusammen, sah sie eine Weile an, dann fuhr er etwas ruhiger fort:

»Als es mich zum zweiten Male nach Böhmen trieb, für die Sache des Lichtes mein Leben zu opfern, sah ich die Stätte wieder, wo ich geboren, – sah ihn wieder, der uns solange getäuscht, im Kampfgewühl, mir gegenüber, doch mein Schwert erreichte ihn nicht, aber furchtbar, wie das Gewühl des Krieges, in das ich mich gestürzt, tauchte durch seinen Anblick mein grauses Geschick wieder vor mir auf und mit erneuter Wut stürzte ich mich der Kriegsfurie in die Arme. Es war eine grässliche Zeit! – Selbst die Gipfel der Bäume, unter deren waldigem Dache meine Kindheit dahingegangen, schienen mir in Blut getaucht, ihre Wurzeln ein Feuermeer, das den Boden unterwühlte, auf dem ich geboren. Das Todesröcheln, das Schmerzgestöhn und das Wutgeschrei, das mich umraste, erlöschte den hellen Punkt, der mich in dieses furchtbare Meer des Fanatismus und wilder Leidenschaften hineingetrieben. Nur sterben wollte ich jetzt noch, – ein Stahl traf meine Brust, mein Bewusstsein schwand und kehrte mir nur langsam in einer Hütte wieder, in die mich ein unbegreifliches Mitleid gerettet hatte. Die Hütte lag weit entfernt von dem Kriegsschauplatze, an der Grenze Östreichs. Was ich dort in meinen Fieberparoxysmen geträumt, lasst es mich Euch verschweigen, es waren oft wunderbar schöne Träume – ein Himmel, in dem ich hätte sterben sollen, um den Traum fortzusetzen. Ich blieb am Leben – es trieb die Seele, die so schön geträumt hatte, fort von dem Schauplatze grauser Taten – es trieb den unsteten Wanderer aus den furchtbaren Wirren dieses Krieges dem Süden zu, um den Freund unter Italiens heiterem Himmel zu suchen und ihn zu finden in Eurer holden Nähe. Was ich suchte – ich fand es – nein mehr – viel mehr – Himmel und Hölle – fand Euch, Angela, Engel des Lichtes – und entdeckte das Geheimnis, das mich der Hölle verschreibt, das mich ewig trennt von Euch – ewig, Angela.«

»Gebt Gott die Rache anheim, Kuno. Waffnet Euren Arm nicht gegen den Vater, hebt durch ein edles Leben den Racheschwur wieder auf, den Ihr in wildem Schmerz am Grabe der Mutter geschworen, und glaubt mir, sie wird aus der lichten Höhe, in der sie jetzt weilt, segnend auf Euch niederblicken, wenn Ihr also tut.«

Kuno schüttelte sein Haupt und schwieg, düster vor sich niedersehend. Angela fuhr nach einer Pause fort:

»Bleibt hier in Venedig und frischt das, was Euch Eure Mutter einst gelehrt, wieder in Euch auf. Lebt der Wissenschaft, der Kunst! Versucht es mit diesen holden, versöhnenden Genien des Lebens und lasst mich Eure Führerin sein.«

»Wie, Ihr, Angela? Ihr wolltet? So weit interessiert Euch mein verworrenes Geschick?«

»Noch mehr. Ich würde trostlos sein, wenn Ihr in Eurem wilden Treiben untergingt.« »Angela! Träume ich denn wieder? So spracht Ihr, als ich dem Tode nahe lag – und ich genaß und musste wandern hieher – zu Euch.« Er sank vor ihr nieder und hob, wie vor einer Gottheit flehend, Blick und Hände zu ihr empor.

Sie neigte ihr Antlitz nach ihm hinab, ihr Mund berührte seine Stirne, doch rasch beugte er sich zurück und rief:

»Nein, Heilige! Dein reiner Mund berühre den Sünder nicht – noch kennst du ihn nicht ganz.« Und in heftig hervorgestoßenen Worten erzählte er ihr von Gisela, seiner Liebe zu ihr, und den Vergehen seines abenteuerlichen Lebens. Wie vor einem Beichtiger lag er vor ihr auf den Knien und keine Falte seines Herzens, keine Sünde seiner unsteten Wanderschaften blieb ihr verborgen. Als er erschöpft endete und sein Antlitz mit beiden Händen bedeckte, den Urteilsspruch aus ihrem Munde zu hören, legte sie mit sanftem Drucke ihre weiche Hand auf sein gesenktes Haupt und sprach in den halblauten, süßen, engelgleichen Tönen eines tiefbewegten Herzens zu ihm nieder:

»Ihr habt viel zu sühnen, Kuno, viel, viel drum vermehrt Eure Schuld nicht durch neue unklare Taten. Lasst den finsteren Mächten, was ihnen gehört! – Wolltet Ihr doch für die Sache des Lichts Euer Leben hingeben – tut dies wieder, aber in anderer, in edlerer Weise und seht zu, ob Ihr nicht darin endlich Lebensberuhigung findet. Was frommt die Rache der Toten, was Euch – was der Welt? – Erhebt Euch über dieses herrische Gespenst, das die Hölle, nicht der Himmel den Sterblichen gesendet, und strebt dem Lichte zu, das mit seinem Strahle die Geister zu durchzittern beginnt – dem Lichte der Erkenntnis, der Wahrheit. Lebt den Wissenschaften, schließt Euch ihren Vertretern an – lernt und ringt mit ihnen! Ihr besitzt die Vorkenntnisse dazu. Wuchert mit dem Gute, das die Mutter Eurem Geiste hinterlassen; Ihr habt Verständnis der alten Sprachen, nehmt die Schriften der Griechen und Römer zur

Hand; sie werden Euer Leitstern – und wenn Euer Geist von den Anstrengungen des Strebens und Schaffens der Erholung bedarf, so kommt zu mir, ich führe Euch dann in das Reich der schönen Künste ein, die Ihr liebt, gleich mir. Wir nehmen die Harfe zur Hand und dichten und singen, und wiegen uns so in Apollos heiterem Tempel in göttlich schöne Träume ein. O, Ihr sollt dabei Euer Lebensweh schon vergessen und reich entschädigt werden. Eure Vergangenheit wird in den Lethe sinken, denn Schmerz und Sünde sind der Erde Kinder. Man kann sie begraben und Blumen und Früchte auf der Stätte ihrer Verwesung erziehen, die in ergreifender Pracht Herz und Seele erfreuen.

»Welch helles Bild entfaltet Ihr vor meinem trüben Blicke! O, dass es sich so klar und rein wie in Eurer Seele darin abspiegeln könnte!«

»Habt Mut und Vertrauen zu Euch selbst und zu der Welt, auf die uns der gütige Schöpfer gepflanzt hat, dass wir unseres Lebens uns erfreuen sollen. Bleibt hier bei uns, Kuno – und schwankt Ihr einmal wieder in Euren Gedanken unstet umher, so nehmt mich zur Führerin und haltet Euch recht fest an mir.«

Sie reichte ihm die schöne, weiße Hand, – er bedeckte sie mit feurigen Küssen, und sein blaues Auge strahlte voll Liebe zu ihr auf. –

Kuno blieb in Venedig, doch nicht in Antonios Haus. Er wählte sich eine kleine ärmliche Stube zu seiner Wohnung, die jedoch Angela mit den damals noch seltenen Schätzen der Weisheit: mit geschriebenen Büchern ausschmückte, in denen er sein Wissen erweitern, Herz und Gemüt stärken konnte. Nur selten besuchte er Angela, doch wenn er kam, fügte es sich stets so, dass er eine Stunde ungestört bei ihr sein konnte. Dann sprachen sie über die Erweiterung seines Wissens, über die Weisen und Dichter des Altertums, oder spielten sie die Harfe und sangen schöne Lieder dazu; nicht selten brachte Kuno ein neues Lied mit, das er selbst gedichtet, und bis er wieder kam, hatte es Angela in Musik gesetzt.

So ging es eine Weile in ununterbrochener Weise fort. Kunos finstere Erinnerungen schienen zu entschlummern, und wenn eine zufällige Mahnung sie wieder wach rief, wusste Angela stets mit lieben sanften Worten sie in Ruhe zu wiegen.

Gutenberg brachte seine Zeit meistens außer Antonios Hause zu und beschäftigte sich aufs eifrigste mit verschiedenen mechanischen Künsten. Er besuchte unter Antonios Fürsprache und Bürgschaft die Fabriken und Werkstätten Venedigs und lernte viele Zweige der Arbeit kennen, die ihm bisher fremd geblieben waren. Besonders interessierten ihn die weltberühmten Glasfabriken der Lagunenstadt, in denen er viele Fertigkeit im Glasschleifen und Schneiden sich erwarb. Die ernsten und weitgreifenden Ideen seines sinnenden Geistes standen in engstem Verband mit dem reellen Wissen und der Geschicklichkeit der Hände. Er suchte damit den Grundstein zu legen, auf dem die Kinder seines Geistes einst ihre Wohnung erbauen konnten, um für immer unter den Sterblichen zu weilen und sich ganz bei ihnen einzubürgern.

Sein ernster bestimmter Wille hielt fest, was sein frommer Sinn, als von Gott in seine Seele gelegt, anerkannte. Es galt ihm für den von Oben bestimmten Zweck seines Lebens, von welchem abzuweichen ihm wie eine Todsünde vorkam. Jeder Kampf, den er mit den Verhältnissen, wie mit sich selbst zu bestehen hatte, erschien ihm nur als eine notwendige Prüfung seiner Kraft und Ausdauer, die er mit ritterlichem Mute zu bestehen hatte. Der bessere Kern seiner Zeit, wie ihr Sehnen und Hoffen, war gleichsam in ihm verkörpert und spornte seine ganze Kraft zu dem geheimnisvollen Schaffen, dessen Werk die Übergangsbrücke von der alten zur neuen Zeit werden sollte. So erhaben jedoch seine Ideen auch waren, so fest sein Wille, so riesenmäßig seine Ausdauer – war er doch eben nur ein Mensch, dem nicht allein die äußeren Schwierigkeiten oft Halt geboten, wie es bald mehr bald weniger jeder neuen Erfindung, jedem kühnen, gegen den allgemeinen Gang der Dinge anstrebenden Gedanken geschieht. Es war auch der Kampf in der eigenen Brust, den das warme Herz, das jugendlich-pulsierende Blut zu bestehen hatte, die sich gegen den strengen ernsten Forschungsdrang seines Geistes empörten und nach süßerem Glücke verlangten. – Welch junges Leben bliebe davon frei? – Die Zaubermacht, welche in Angelas dunklen Augen lag, bedrohte ihn, selbst in Stunden der angestrengtesten Beschäftigung, ja drang sich oft in seine tiefsten Gedanken ein mit ihrem süßen, verlockenden Reize. Nach des Tages Mühen kam stets die gefährliche Feierstunde, die ihn in Antonios Haus zurückbrachte, wo das schöne Mädchen mit der anmutigsten Freundlichkeit ihn aufnahm und mit sorgendem Sinne über allen seinen Bedürfnissen wachte. Katharinas zartes Angesicht, das sanfte Bild der bleichen Marianne verschwammen in Angelas lebensfrischem Reiz, der strahlend von Schönheit, Jugend und Anmut bezaubernd auf alle wirkte, die sich dem schönen Mädchen nahten. Sein Auge hing gefesselt an ihr, sein Ohr lauschte entzückt ihrer melodischen Stimme, und sein Herz pries die schöne Seele in so schöner Gestalt, – der Kampf des Verlangens mit dem Willen der Entsagung begann seine Geisteskräfte zu ermüden, und wollte ihn verleiten von dem mühevollen Weg der Arbeit und Forschung, zu den verlockenden Freuden des Lebens und der Liebe.

In einer solchen Stunde, wo er bei ihr auf dem Balkone saß, von Rosen und Jasmin umduftet, vom sternhellen Himmel überwölbt, und sie süße Lieder zu der Harfe sang, trat Antonio voll Heiterkeit zu ihnen und teilte Angela mit, dass er das Versprechen, welches er Carlo und seinem Vater gegeben, eingelöst habe und sie nun wieder vollkommen frei und Herrin ihrer Hand sei.

Sie sprang auf und umarmte ihn tief bewegt, denn sie wusste, dass diese Verbindung ein langgenährter Lieblingswunsch von ihm gewesen und er auch gerne dadurch dankbare Verpflichtungen aus früherer Zeit gegen Carlos Vater abgetragen hätte.

»Dank, tausend Dank, mein guter Vater!«, rief sie voll Freude.

»Ei, seht doch die Falsche!«, entgegnete er scherzend. »Will ich doch wetten, dass die wiedergewonnene Freiheit sie nur deshalb so entzückt, weil sie dieselbe allsogleich mit einem festeren Bande ketten möchte.«

»Mein Vater, wie meinst du dies?«, stammelte sie überrascht und sah dann bittend auf Gutenberg, als ob sie seiner Hilfe bedürfe.

»Willst du denn leugnen, dass dein Herz sich nach fester Gefangenschaft in Amors Banden sehnt?«, fuhr Antonio in heiter bewegtem Tone fort. »Willst du deinem Vater noch verbergen, dass du liebst, da er doch, dein Herz durchschauend, jedes Hindernis seines Glücks beseitigt hat.«

»Wie, mein teurer Vater – du weißt – und zürnst mir nicht? – Willst sogar –«

»Deine Hand in die seine legen«, fuhr er, ihre stockende Rede ergänzend, fort und erfasste ihre Hand, zog sie zu Gutenberg hin und legte Beider Hände in einander, indem er sprach:

»Ihr liebt Euch – seid glücklich! Des Vaters Segen fehlt Euch nicht dazu.«

»Angela liebt mich?«, stammelte Gutenberg, und in seiner Brust erhob sich ein gewaltiger Sturm.

Angela erbleichte und suchte vergebens nach Worten, die Täuschung ihres Vaters zu zerstreuen, dessen glückliche Miene keine Ahnung davon verriet. Gutenberg presste seine Hände auf die wogende Brust, dann fasste er an seine Stirne, als drohten alle Gedanken darin sich zu verwirren, – doch schnell, noch ehe Angela Worte gesunden, richtete er seine hohe Gestalt fest empor – sein gerötetes Antlitz erbleichte, und wie zum Gebet hob sich sein Auge aufwärts. Er sah in dieser Stellung so ernst und feierlich aus, dass der heitere Ausdruck in Antonios Zügen in Staunen überging und Angelas ängstliche Beklommenheit einer scheuen Ehrfurcht wich. Eine lange Pause trat ein – so still – so ernst – als wiege sie schwer in der Zeiten Geschick. Da blickte Gutenberg wieder auf – sein Auge war umflort, doch seine Stimme klar und sicher, als er sprach:

»Ihr täuschtet Euch wohl, mein edler Freund, in dem Herzen Eures Kindes – das meine dagegen habt Ihr richtig erforscht. Es hing sich mit glühenden Gefühlen an Angelas holdseligen Reiz; dennoch aber muss ich das Glück fliehen, das Ihr mir bietet – müsste ihm entsagen, selbst wenn Angela es teilen wollte – denn mein Leben gehört nicht mir – ein höheres Ziel als das eigne Glück ist seine Bestimmung, und nicht Himmelswonnen, nicht Höllenqualen dürfen es anders lenken. Vergebt, werter Herr, vergebt, schöne Jungfrau, wenn ich Euch kränke – und glaubt mir, ich lege in diesem Augenblicke das schwerste Opfer auf den Altar des Gottes nieder, der seine heilige Stimme in mir ertönen ließ. Doch vergönnt mir, damit ich dieser heiligen Stimme unverbrüchlich treu bleiben kann, Euch Lebewohl zu sagen, und gebt mir als liebe Wandergabe freundlichen Abschied. Italiens allzublauer Himmel stimmt nicht mit mir – Eure Sonne brennt zu heiß auf meinen Scheitel, Eure schönen Nächte verwirren, – Eure Blumendüfte betäuben mich – drum lasst mich weiter ziehen – nehmt meinen Dank für Eure Liebe – und vergesst mich nicht ganz.«

»Nimmermehr entweiche Euer Angedenken unseren Herzen!«, sagte Angela mit edler Wärme und reichte ihm die Hand, indem sie fortfuhr: »Euer Streben muss auf Großes gerichtet sein, da Ihr selbst der Liebe Glück darum verschmäht, denn Ihr musstet Euch ja nach meines Vaters Beginnen von mir geliebt wähnen, und dass Ihr mich liebt, habt Ihr bekannt. Nehmt die Versicherung mit Euch, dass dies Geständnis mich recht stolz macht, denn ich fühle mich hoch dadurch geehrt, – nehmt aber auch die Beruhigung mit Euch, dass Ihr durch Eure Weigerung mein Herz nicht verletzet, denn so hoch es Euch auch ehrt und achtet, in heißem Triebe hat es Euch nicht geliebt – es war nur schwesterlich Euch zugetan. Ihr werdet bald von der Wunde genesen, die Euch jetzt schmerzt, denn die Liebe, die nicht über alles geht, ist vergänglich. Was Höheres vor Eurem Geiste steht – möge es Euch gelingen, und das gelungene Werk Euch so beglücken, so tief, so voll beglücken, wie es die Liebe vermag, wenn sie von Gott und guten Eltern gesegnet ist.«

»Lebt wohl, und bringt Kuno meine Grüße – lebt wohl!«, drang es rasch aus Gutenbergs Mund,

indem er zugleich Antonios und Angelas Hände fasste und innig drückte; – dann eilte er mit tränendem Auge hinweg, rief Lorenz auf sein Zimmer – und ehe der Morgen graute, wanderten sie dem Norden zu.

5.

Die reine, weiße Decke des Winters hatte sich über die weite Ebene um Straßburg gelagert und gab ihr eine klare, doch eintönige Färbung. Aus ihrer Mitte ragte der hohe Münster, dies heilig große, ungeheure Werk, das Menschenhand und Göttersinn gebildet, gleich einer Pyramide hoch empor und fesselte den Blick an seine gigantische Masse, welcher die Stadt mit ihren Häusern, Türmen, Zinnen und Mauern demütig zu Füßen lag. Die letzten Strahlen der Abendsonne beleuchteten eben noch die höchsten Spitzen des Münsters und übergossen sie mit jenem zauberischen Lichte, dem unwiderstehlich das Auge folgt, bis es erloschen.

Zwei Wanderer, die längs am Ufer der Ill durch den Schnee sich einen näheren Weg zur Stadt suchten, hingen mit ihren Blicken gefesselt an den strahlenden Spitzen und Zacken des hohen Turmes, jedoch in sehr verschiedener Weise. Der kleinere und jüngere sah mit allen Zeichen einer sehnsüchtigen Ungeduld nach dem leuchtenden Turme, während auf dem Angesichte seines Gefährten eine andächtige Bewunderung sich ausdrückte. Jener seufzte zu wiederholten Malen, und sein Schritt wurde schleppender, während dieser von frischer Kraft belebt rascher voranschritt, so dass eine kleine Strecke Weges zwischen ihnen blieb.

»Erwins Geist umschwebt sein großes Werk in jenem himmlischen Strahle!«, sprach der rasch voranschreitende Wanderer, sein Auge fest und andächtig an die hohe Kuppel des Münsters geheftet. »Großer Meister, dessen Geist selbst seine Kinder so beseelte, dass ihre Hände vollbringen konnten, was du kühn ersonnen und begonnen, nimm auch meinen Dank für dein heiliges Werk. Gott, der den erhabnen Gedanken dir gab, Seele und Körper zu seiner Ausführung dir stärkte, möge auch mir gnädig sein, dass der Bau, der meinem Geiste vorschwebt, einst so fest und unschütterlich dastehe, wie der deine und strahlend die ganze Welt durchleuchte, wie jetzt deine sonnengeküsste Spitze diese weite Ebene. Erhabener Tempel, in dich will ich eintreten und beten um Kraft und Ausdauer, – an deinem Anblicke will ich die Gedanken meines Geistes stärken und den ermüdenden Körper zu frischer Tätigkeit anspornen. Du bedurftest Jahrhunderte zu deiner Vollendung, doch eine Hand nur zeichnete den Plan, die feste, sichere Form. Dieses zu finden – ja, sie zu finden – und dann zu sagen: so und nicht anders steige der Bau empor – so muss es sein – so ist es gut!«

Die Sonne sank unter, und nur noch in undeutlichen Umrissen war der Riesenbau in der Dämmerung zu erkennen; nach und nach verschwand er gänzlich in der Dunkelheit.

»Deine Helle soll auch die finsterste Nacht durchdringen, wenn du, mein Werk, vollendet sein wirst«, sprach Gutenberg mit lauter Stimme, als wolle er damit die dunklen Mächte beschwören, die auch sein Werk umhüllen könnten, – dann fuhr er leiser fort: »Aus deiner kleinen, unscheinbaren Gestalt ströme einst Licht und Wahrheit über die ganze Erde und führe vermittelnd das Geschiedene, das Widerstrebende in christlicher Liebe und menschlich schöner Harmonie zusammen. Längere Jahrhunderte, als zu deinem Aufbau nötig waren, erhabenes Gotteshaus, werden dahingehen, bis so große geistige Vollendung meinem Werke die Krone beut; – reicht doch mein Leben kaum aus, nur seinen Grundstein zu legen! – O, nur dieses, guter Gott, lass mich erringen, und sei es erst in meinen letzten Tagen – sei es unter Mühen und Drangsalen, unter Not und

Gefahren, unter Opfern und Täuschungen aller Art! Nicht erlahmen soll die Hand, so lange die Möglichkeit der Ausführung vor meiner Seele steht, und ergeben in deinen Willen, Allmächtiger, leite du Arm und Geist zum Ziele, und nimm es dann hin, als dein alleiniges Werk.«

Gutenbergs Schritt war langsamer geworden. Lorenz hatte ihn wieder erreicht und äußerte seine Unzufriedenheit über den beschwerlichen Weg und seine nur schwer zu besiegende Entkräftung. Gutenberg suchte ihn zu ermuntern mit der Aussicht auf eine gute Herberge in der nun bald erreichten Stadt; allein Lorenz wollte davon nichts wissen. Er behauptete, der Münster laufe nun schon seit drei Stunden ihnen davon, er werde sicher jetzt, wo sie ihn nicht mehr sähen, sie erst recht necken und in der Irre umherführen, denn es sei ja auf dem Schneefelde kein menschlicher Weg noch Steg zu entdecken, und das Rauschen der Ill werde bei der zunehmenden Kälte immer leiser; sie könnten auch dieser Fährte nicht länger folgen, drum wäre es besser, in der ersten besten Hütte um Nachtquartier einzusprechen.

Gutenberg, so gerne er auch die Stadt noch erreicht hätte, in der er einige befreundete Familien zu finden hoffte, sah doch ein, dass sie dieselbe bei der herrschenden Dunkelheit wohl schwerlich noch vor Torschluss erreichen würden. Die Lage und Beschaffenheit Straßburgs war ihm aus Beschreibungen bekannt und er wusste, dass sie erst Brücken und Vorwerke passieren mussten, um das Tor der Stadt zu erreichen. Zudem hatten sie die Straße seit mehreren Stunden verlassen, um in gerader Richtung schneller ans Ziel zu kommen; und es war kaum anzunehmen, dass sie bei Nacht eine Brücke finden würden, über die sie einen der Flüsse oder Rheinarme, welche Straßburg umgaben, passieren konnten.

»Finden wir unterwegs ein Haus, wollen wir um Aufnahme bitten«, stimmte nach kurzem Überlegen Gutenberg in Lorenz Vorschlag ein.

Doch nirgends wollte sich ein hoffnungsvoller Licht-schimmer zeigen; und so weiß auch die Schneedecke schimmerte, wurde es doch immer mühsamen auf ihr fortzukommen.

»Wären wir noch einmal in Antonios schönem Hause!«, seufzte Lorenz.

Gutenbergs Stirne faltete sich bei diesem klagenden Ausruf seines Dieners, und in strengerem Tone, als er sonst zu sprechen pflegte, erwiderte er:

»Wir haben nur zu lange dort gelebt!«

Lorenz schwieg eine Weile, dann aber murrte er wieder.

»Es ist doch wahrlich kein Vergnügen, auf deutschem Erdboden oder viel mehr Schneeboden zu wandeln. Bald, Herr, breche ich in die Knie vor Kälte und Müdigkeit.«

»Armer Lorenz«, beschwichtigte Gutenberg gutmütig. »Du trägst auch so schwer. Komm, lade deinen Bündel auf meine Schultern.«

»Nun, das fehlte Euch noch. Tragt Ihr doch schon schwer genug an dem Euren, in den Ihr all das schwere Zeug von Holz und Glas und Metall gesteckt habt, als Ihr so plötzlich von dem schönen Venedig Abschied nahmt. Hätte ich meine fünf Sinne so wenig beisammen gehabt, als Ihr damals, kein Kleidungsstück, kein Hemd, gar nichts brauchbares wäre mitgewandert, und es stände noch schlimmer um uns als es, Gott sei's geklagt, der Fall ist.«

»Es wird schon wieder besser werden«, tröstete Guten-berg. »Sind wir doch jetzt in der deutschen Heimat, am schönen Rheinstrom, wo auch die Häuser unserer Eltern stehen.«

»Wohl wahr, aber leider liegt unsere Heimat viel weiter abwärts. Wir können sie von Straßburg aus so wenig sehen, als von Venedig.«

»Doch sind wir ihr näher, können sie leichter erreichen und leben wieder auf deutscher Erde.«

»Und stecken in deutschem Schnee, – doch, edler Junkherr, Euer Wille ist der meine, wohin Ihr geht, führt auch mein Weg. Lasst Euch meine Klagen nicht anfechten – es ist meine Art so, wenn es dunkelt um mich her, zu klagen und zu murren – ich kann's nun einmal nicht leiden, nicht weit auszuschauen, es macht mir die Brust eng und ärgert mich. Das war in Venedig eine wahre Himmelslust, so über das Meer hin den Blick schweifen zu lassen! Seht, das vergesse ich auch am Rheinstrom nicht, ja ich glaube selbst in Eltville nicht mehr, und wenn mich das schöne Fräulein noch ebenso holdselig anlachte, wie sie damals getan als sie mich bat, Euch zu begleiten durch die Welt.«

Gutenberg erwiderte nichts mehr auf das Geplauder seines Dieners, der sich seine Müdigkeit und Unlust damit zu vertreiben suchte.

Endlich zeigte sich ein Lichtstrahl in einiger Entfernung, den Lorenz jubelnd begrüßte. Er kam aus einem hohen, weitläufigen Gebäude, dessen dunkle Umrisse sich bald ziemlich deutlich auf dem weißen Felde abzeichneten. Der Lichtstrahl, welcher aus einem Fenster dicht unter dem Dache kam, ließ zwei spitze Türme erkennen, die zu beiden Seiten des Hauses gleichmäßig emporstiegen.

»Das scheint ein Kloster, doch ein verlassenes Kloster zu sein«, sagte Lorenz, »da außer dem kleinen Lichtstrahl unter dem Dache sich nirgends eine Spur des Lebens in dem großen Gebäude zeigt.«

Gutenberg sah schärfer hin und bemerkte ein Tor in der lang hinlaufenden Mauer, welche das Haus und einen großen Hofraum umschloss. Durch die Öffnungen eines Gitters drang ebenfalls einige Helle hervor, die von einem kleinen Feuer herzurühren schien.

»Das Haus hat mehrere Bewohner«, meinte er, zu Lorenz gewendet. »Drum beruhige dich, der eine oder der andere wird uns bei sich aufnehmen.«

»Gebe es Gott und seine Heiligen!«, rief der müde Lorenz und strengte sich an, rascher zum Ziele zu kommen. Bald war das Gebäude erreicht.

Lorenz spähte durch das Gitter des Tores. Nebenan im Erdgeschosse war ein bewohnter Raum. Ein Herd mit glühenden Kohlen, um die einige Töpfe standen, war zu erkennen, – auch zeichnete sich vorübergehend der Schatten einer menschlichen Gestalt ab. Lorenz klopfte an das Tor, doch ohne Erfolg. Da bat Gutenberg mit lauter Stimme um Einlass, und als läg in ihrem sonoren Klange ein Zauber, öffnete sich sogleich ein Schieber in der Mauer, und:

»Wer seid ihr? Was wollt ihr?«, fragte mit rauer Stimme ein bärtiges Gesicht, das an der Öffnung zum Vorschein kam.

»Müde Wanderer sind wir, die weiten Weges daherkommen, ehrlicher Leute Kind, guter Mann, drum nehmt uns auf für eine Nacht«, bat Gutenberg.

»Es klingt, als ob wahr sei, was Ihr sagt«, erwiderte die raue Stimme. »Allein Vorsicht tut Not an so einsamem Orte. Kein Ruf dringt von hier in die Stadt, nicht einmal an die hohe Warte oder das Waghäusel, die zum Schutze der Gelegenheiten hier herum aufgebaut worden sind. Der krumme Rhein und die Ill liegen zwischen St. Arkobast-Kloster und ihnen, – drum ziehet weiter, wer bürgt mir für Euch?«

»Ich, du rauer Zerberus«, rief eine zitternde Stimme von oben.

Das Fenster unter dem Dache, hinter dem das kleine Licht brannte, hatte sich geöffnet, und das kahle Haupt eines Mönches zeigte sich unter demselben.

»Wie? Kennt ihr die Fremden?«, rief der Pförtner erstaunt zu dem Mönche empor. »Nicht möglich, Pater Medardus.«

»Lass sie ein, befehl ich dir – ich der letzte Mönch von St. Arkobast. Siehst du den glänzenden Stern denn nicht, der heute zum ersten Male über dem einsamen Kloster steht? Er verkündet ihm Heil; – mach auf – lass sie ein – säume nicht länger.«

»Mag's drum sein!«, brummte der bärtige Mann, öffnete die Pforte und führte die Halberstarrten in seine Stube, teilte sein ärmliches Mal mit ihnen und schien bei genauerer Besichtigung Vertrauen zu ihnen zu gewinnen. Er wurde freundlicher und entschuldigte gewissermaßen seine Weigerung, sie einzulassen, indem er ihnen erzählte, dass er und der alte Klosterbruder die einzigen Bewohner des großen Gebäudes wären; – das Kloster sei bestimmt, einzugehen, da seine abgesonderte Lage bei den häufigen feindlichen Angriffen auf Straßburg es stets in Not und Gefahren versetze; – die Mönche seien bis auf Medardus ausgestorben und die Stadt wolle die Realitäten verpachten, – bis jetzt habe sich jedoch niemand dazu gefunden. Die oft bedrohte Lage des Ortes abgerechnet, sei noch gar mancherlei, was die Leute abhalte, hier ihre Wohnung aufzuschlagen. »Geister«, fuhr er geheimnisvoll fort, »gingen in dem alten Gebäude um und der nahe Galgenbühl erwecke trotz seiner heiligen Kapelle bei jeden Grauen, denn obgleich Bischof Arkobast ein Bethaus dem heiligen Ulrich geweiht darauf errichtet habe, und seine eigenen Gebeine darin begraben lägen, lebe doch noch die Erinnerung an die frühere Bestimmung dieses Ortes in aller Gedächtnis, und die Sage gehe, dass die Seelen der Verbrecher, welche einst hier am Galgen geendet, das weite Binnenfeld rings umher und abwärts bis an den krummen Rhein und über St. Arkobast hinauf bis an die Marxkapelle durchwandeln müssten, um fort und fort ihre Gebeine zu suchen, die auf dem Hügel gebleicht, nun in der Hut des frommen Bischofs ihnen vorenthalten blieben bis zum Tage der Auferstehung. Er selbst, setzte der Erzähler hinzu, habe nur ungern die Stelle eines Wächters über das Gebäude und den alten, kindischen Mönch übernommen, und nur ganz besondere Umstände hätten ihn dazu vermocht.

Lorenz überlief ein Schauder bei dieser Erzählung, und als Gutenberg sich erhob und den Wunsch aussprach, in einer Zelle zu übernachten, machte er eine abwehrende Bewegung und ließ sich seines Herrn Befehl, an dem Feuer sich niederzulegen, nach kurzem Widerstreben gefallen. Der Wächter des Hauses führte seinen Gast in eine noch gut erhaltene Zelle, in der sich nebst einer Lagerstätte ein Tisch, ein Stuhl und ein Betpult befand. Totenstille herrschte in dem weiten Gebäude. Ein ungestörter Schlummer erwartete den Müden. Gutenberg streckte sich, verlangend nach Schlaf und Ruhe auf dem harten Lager aus – doch umsonst. Gerade die lautlose Stille regte seine Nerven auf, die von allzu großer Überanstrengung nicht zur Ruhe kommen wollten. Nach einigen Stunden vergeblichen Umherwerfens erhob er sich wieder, trat an das Fenster und sah in die nächtliche Landschaft hinaus. Der Mond war inzwischen am Himmel aufgezogen und erhellte mit seinem eigentümlichen, geheimnisvollen Lichte das weite Schneefeld. Vorn lag die Stadt, umschlossen von ihren Schutzmauern und Zinnen in undeutlichen Umrissen, und nur der riesige Dom stand fest und bestimmt auch in der nächtlichen Beleuchtung da. Sonst bot die Ebene kein deutliches Bild, ihre kleinen, hügelartigen Erhöhungen, ihre einzelnen Bäume und Gesträuche, selbst die hohe Warte – die, ein festes, getürmtes Bollwerk zwischen dem Rheinarme, der krumme Rhein, oder Krümmich genannt, und der Ill sich erhob – erschien nur wie ein dunkles unbestimmtes Etwas auf der weißen Fläche. Diese geheimnisvolle Monotonie, diese Stille, diese Einsamkeit wirkten mehr als ein belebtes, heiteres Bild auf Gutenbergs Phantasie. Aus ernstem Sinnen führte ihn dieses phantastische Geisteskind unwillkürlich in seine poetische Welt hinüber und nahm mit zauberischer Macht seinen hellen Geist gefangen. Aus der stillen Ebene drangen süße Heimatstöne an sein Ohr; – der Kindheit Freuden, – der Jugend heilig Sehnen ihm in holden Lauten vorzuführen. Margarethe, Katharina murmelten seine Lippen. Die schöne Bürgerstochter, mit ihrer blühenden Gestalt, voll Liebe, Trotz und Hochmut – reichte ihm versöhnt die Hand. Katharinas zartes engelgleiches Angesicht mit den träumerischen, blauen Augen lächelte in süßem Schmerze ihn an und ihre weiße, durchsichtige Hand zeigte in die Ferne. Dort aus den Nebeln entwickelte sich die Werkstätte zu Haarlem. Er sah den Meister, die emsigen Gesellen – er sah wie sie in ihrer Kunst immer weiter kamen, sah sein Büchlein und viele andere noch um sie her liegen, und kalte Tropfen traten auf seine Stirn. »Mein Büchlein, Marianne!«, rief er leise hinaus und seine Brust beklemmte sich. – Da stand das bleiche, stille Kind vor ihm, sein Geschenk fest an das Herz gepresst – und er atmete wieder freier. Sein Blick suchte den Himmel und traf den glanzvollsten seiner Sterne. Er strahle ihm entgegen, leuchtend wie Angelas Auge. Heiße Glut überzog sein Angesicht, durchströmte seine Adern, sein Herz – alle seine Pulse pochten stürmisch, – die menschliche Leidenschaft, das natürliche Verlangen eines jungen Lebens wurden noch einmal mächtig in ihm – und:

»Angela, süßes, geliebtes Weib«, stammelte sein Mund.

Da schlug es Mitternacht von dem hohen Dome. Deutlich und klar trug der Abendwind den Schall an sein Ohr und er drang wie eine mahnende Stimme aus heiliger Höhe in seine Seele. Sein glühender Blick, der verlangend an dem glänzenden Sterne gehangen, senkte sich und auf die Knie fallend und seine Hände faltend lag er in langem

Gebete vor Gott. Alle Wünsche und alle Freuden des eigenen Selbst ihm anheimzugeben, der eine andere Bahn ihm vorgezeichnet, als das Streben nach menschlichem Glück, der mit dem göttlichen Odem, mit dem er ihm die Seele eingehaucht, auch dieser den Gedanken gab, der ihn über jedes selbstsüchtige Verlangen stellte. Klarheit und Ruhe kehrten ihm wieder. Zufrieden lehnte er sein Haupt an den Betstuhl an, der neben ihm stand, und entschlummerte nach kurzer Weile.

Der Mond kam inzwischen in seinem stillen Laufe dem Fenster der Zelle gegenüber und schaute freundlich auf den Schläfer, beleuchtete mit seinem sanften Lichte das bleiche Angesicht desselben und umsäumte seine lichtbraunen Locken mit einem hellen Goldrande.

Da öffnete sich unhörbar die Türe der Zelle und der letzte Mönch von St. Arkobast trat herein, leise und gespenstisch wie ein dem Grabe Entstiegener. Seine welke Hand trug ein Kruzifix und an dem Strick, der sein schwarzes Gewand zusammenhielt, hing ein Rosenkranz. Er näherte sich Gutenberg und sah lange und forschend auf ihn nieder, dann machte er das Zeichen des Kreuzes über ihn und murmelte:

»Er ist es wirklich, den ich so lange ersehnt. Der Heiligenschein um sein Haupt bekundet seine göttliche Sendung. Nun kann ich ruhig zu Grabe gehen, – bin ich doch nicht der letzte Priester in St. Arkobast; dieser Gottgesendete wird mir nachfolgen und einen neuen Orden hier stiften. Du heilig Haus sollst nicht untergehen im Gedächtnis der Menschen. Ja, ja, was die beschließen, die sich die Weisen der Erde dünken, durchkreuzt Gottes Wille. Ein Wunder geschieht und ihr Tun wird zunichte. Mit mir solltest du, heiliger Ort, in Vergessenheit dahinsinken – aber nimmermehr – Gottes Gesandter zieht ein, und dein heiliger Name lebt ewig.«

Er lächelte in kindlich frommer Weise vor sich nieder, dann breitete er segnend seine Hände über dem Schläfer aus und fuhr fort: »Du wirst erwachen, wenn der Tagesstrahl das bleiche Mondlicht verdrängt – ich werde dann schlafen gehen für immer. Gott sei mit uns Beiden!« —

So leise, wie er gekommen, verließ er die Zelle wieder. Am anderen Morgen fand man ihn tot auf seinem Lager. Der letzte Mönch, der wunderliche Alte von St. Arkobast, ist zur ewigen Ruhe eingegangen, – hieß es in der Stadt – und alle Räumlichkeiten des großen Gebäudes wurden zur Benutzung ausgeboten. Doch niemand meldete sich in dem Kloster, das Geister beherbergte, und von Spukgestalten und anderen Gefahren umgeben war, seine Wohnung aufzuschlagen.

Gutenberg hatte nach seinem nächtlichen Aufenthalte darin neu gestärkt die Stadt erreicht und suchte dort einige befreundete Familien auf, deren Namen und Verhältnisse er von seinem Elternhause her kannte. Man nahm den vielgewanderten Sohn aus einem angesehenen Patrizierhause des mächtigen Mainz freundlich auf und suchte ihn in die vornehmeren Kreise der Stadt zu ziehen. Seine gebietende Gestalt, sein schönes männliches Angesicht, seine sanfte Art und Weise, wie seine ansprechenden Manieren, die in Antonios Hause die deutsche Rauheit gänzlich abgelegt hatten, gewannen ihm schnell das Wohlwollen aller, besonders das der Frauen, die sich bemühten, den Mainzer Junkherr für immer an Straßburg zu fesseln.

Er schrieb nach langer Zeit wieder einmal den Seinen und die Trauerkunde wurde ihm, dass sein Vater gestorben. Zugleich erhielt er seinen Anteil an dem väterlichen Erbe, das jedoch nur aus einer sehr kleinen Summe Geldes bestand. Der alte Gensfleisch hatte noch zu Lebzeiten seinem Sohne Frielo den bei weitem größten Teil seines Besitztums hingegeben, da dessen Lebensweise ihn immer und immer wieder in Schulden und Ungelegenheiten stürzte. Doch Gutenberg, weit entfernt, an dem unbedeutenden Erbe zu mäkeln, war dankbar für die Hilfe in der Not, denn er wusste in der ersten Zeit nicht, mit was seinen Aufenthalt in Straßburg fristen. Die mechanischen Fertigkeiten, welche er besaß, im Dienst um das tägliche Brot auszudeuten, fiel ihm schwerer, als er gedacht, besonders in einer Stadt, in der seine Standesgenossen dasselbe Vorurteil hatten, welches ihn aus der Heimat fortgetrieben. Hier wie dort galt dem Adel die Arbeit der Hände, wenn sie auch noch so Schönes und Nützliches lieferte, für eine Entwürdigung ihrer Lebensstellung, das gewerbliche Treiben nur für eine Sache dem Bürgerlichen ganz allein zugehörig. Zudem lag es nicht in Gutenbergs Sinn, als ein Gewerbtreibender seinen Lebensunterhalt zu finden. Was er lernte, ersann und mit seinen Händen ausführte, galt ihm als ein Mittel zu dem hohen Zwecke, der ihm vorschwebte, war ihm die Stufenleiter, um auf die Höhe einer Kunst zu gelangen, deren Ausübung eine göttliche, eine welterschütternde werden musste. – Das gesellige Leben unter dem Adel in Straßburg fing an, Rechte an seine gastliche Person geltend zu machen, was durchaus seinen Neigungen nicht entsprach und schnell das kleine väterliche Erbteil aufzuzehren drohte.

Diesem zu entgehen, suchte er eine der Stadt entfernte Wohnung, und das Kloster St. Arkobast fiel ihm wieder ein. Noch standen seine Räumlichkeiten unbenutzt, bis auf die Stube des Wächters. Gutenberg mietete sich hier ein und suchte einige taugliche Gemächer für sich und Lorenz aus. Man nannte ihn einen Sonderling und ein neugieriges Interesse verfolgte ihn noch längere Zeit – so lange, bis der adelige Junkherr aus seinen mechanischen Kenntnissen eine Erwerbsquelle machte, Steine schliff und kleine Spiegel zum Verkauf anfertigte. Die Notwendigkeit trieb ihn dazu.

Seine bescheidene Einrichtung hatte einen Teil seines Erbes aufgezehrt, den anderen seine geheimen Arbeiten.

In einem entlegenen Gemache des ehemaligen Klosters saß er Stunden, Tage und häufig auch Nächte hindurch und arbeitete und mühte sich nur zu häufig in vergeblichen Versuchen ab. Hier lag ausgebreitet vor ihm, was er in tagelangen einsamen Arbeiten zu Stande gebracht und ihn noch keineswegs befriedigte. Die Holztafeln mit den eingeschnittenen Buchstaben und Bildern, die unzähligen Versuche, sie in leichter Weise abzudrucken und zu vervielfältigen – Farbentöpfe – verschiedene Tinten – Reiber – und Anfänge zu Pressen ähnlichen Apparaten; dann Papier, Pergament, Leinwand, Leder und Metall, wie Handwerkzeug aller Art. Jeder Tag häufte das Material; doch bald fehlten die Mittel dazu, wie auch für die täglichen Bedürfnisse. Für beides musste Rat geschafft werden.

Gutenberg errichtete noch eine andere Werkstätte und Lorenz ging in die Stadt und suchte Arbeit dafür. Ja den hellen Stunden des Tages schnitt oder schliff er dort Steine und polierte Spiegel. Die Kunst, die er in Venedig erlernt, musste ihm in Straßburg Brot erwerben, noch mehr, musste ihm die Mittel geben, um in jahrelangen, vielleicht fruchtlosen Versuchen einem Gedanken nachzujagen, dessen Endziel mit magnetischer Kraft sein Sinnen und Trachten fest hielt und alle seine Handlungen bestimmte. Alles, was ihn darin störte, wurde ihm peinlich, weshalb er auch den Verkehr mit Menschen möglichst vermied und Lorenz zum Vermittler zwischen ihnen und seinen Arbeiten machte, soweit dies nur anging. Der treue Diener lebte sich mit seinem Herrn so in dies einsame Leben hinein, dass er sich nur einmal dagegen auflehnte, als nämlich die Nachricht von Mainz eintraf: die Patrizier hätten sich mit den Zunftgenossen verständigt und die meisten von ihnen seien wieder in die Vaterstadt zurückgekehrt. Unter denen, die namentlich dazu aufgefordert worden, befand sich auch Johann Gensfleisch der junge, genannt zum Gutenberg. Da wollte der Rheingauer Schiffer ausbrechen und nach der Heimat ziehen. Alle lieben Erinnerungen aus ihr wachten in ihm auf, doch Gutenberg hatte sich an den einsamen Aufenthalt so fest gekettet, dass dieser Heimatruf ihn nicht davon loszureißen vermochte. Ihm erschien er nur als eine neue Störung seiner Arbeiten, eine Unterbrechung, die er nicht verantworten konnte, und so sehr sein Herz auch darnach verlangte, die alte Mutter wiederzusehen, den Segen des am Grabe stehenden Martins zu empfangen, und zu hören, was aus Katharina geworden, verschob er doch immer und immer wieder selbst eine Reise nach Mainz, die ihn jedenfalls längere Zeit von seiner geheimen Werkstätte getrennt hätte. Er blieb in dem Kloster zum heiligen Arkobast und Lorenz hütete nach wie vor den Meister und seine geheimen Arbeiten, deren Zweck er nicht kannte und zuweilen selbst ein Grauen davor empfand, denn obgleich er auf die Gottesfurcht seines Herrn schwor, wie auf die Wahrheit des Evangeliums, erfüllte sein geheimnisvolles Schaffen, von dem er keinem Menschen Rechenschaft gab, doch zuweilen seine Seele mit einem unheimlichen Gefühle, das der Aufenthalt in dem großen, leeren Gebäude voller Geisterspuk mitunter zu einer schlimmen Krisis steigerte, in der er Gutenbergs sonderbares Treiben zu allen Teufeln wünschte – dann ihm aber wo möglich immer wieder mit doppelter Liebe und Treue anhing.

So gingen mehrere Jahre vorüber in Forschung, Arbeit, Mühen und Sorgen.

Gutenberg, der eine jährliche Rente, die ihm seine Mutter in besseren Zeiten angekauft, von der Stadt Mainz zu beziehen hatte, wurde diese, da er auf ihren Ruf nicht zurückkehrte, vorenthalten und alle Mahnungen darum, wie selbst die Vermittlung seiner Mutter, blieben fruchtlos.

So kam er, als das kleine väterliche Erbe aufgezehrt war, in große Not und er musste mehr an den täglichen Erwerb als das Fortschreiten der Druckkunst denken, was ihn mit namenloser Pein erfüllte. Nach Mainz zurückkehren wollte er nicht früher, als bis er Wesentliches darin erreicht hatte; wollte nicht mit dem noch so Unvollkommenen vor seine Mutter treten, nicht vor Katharina, nicht vor den alten Lehrer, und ihre Sorgen um ihn mehren; noch weniger mochte er von ihnen an eine Umkehr von seinem Wegen gemahnt werden – und er fürchtete es, wenigstens von Martin und seiner Mutter. Drum besser, er blieb der Heimat vorerst noch fern. Sehen wohl wollte er die Lieben einmal wieder, doch nur, um sie an das Herz zu drücken und dann wieder zu scheiden. Aber dazu fehlte ihm das nötige Geld – auch geizte er mit der Zeit, und die Reise nach Mainz wurde immer wieder hinausgeschoben.

Da kehrte eines Tages Lorenz fast atemlos aus der Stadt zurück und berichtete, dass der Stadtschreiber Nikolaus aus Mainz sich in Straßburg befinde, und Gutenberg mit Fug und Recht zustände, ihn festzusetzen, bis seine Vaterstadt ihn auslöse, indem sie die ihm zugehörige jährliche Rente auszahle.

Gutenberg besaß ein Schriftstück darüber, wo es unter anderem hieß, dass, sobald ihm diese Reute nicht richtig ausbezahlt würde, Bürgermeister und Rat der Stadt Mainz dafür einstehen müssten, und er sie greifen und pfänden lassen dürfe, wo es auch sei.

Darauf gründete sich sein Recht auf die Person des Ratschreibers, und so ungern er sich auch zu einem gewaltsamen Schritte bewegen ließ, war es doch eine zu große Notwendigkeit für ihn, Geld zu bekommen, als dass er sich nicht entschlossen hätte, der Mahnung seines Dieners zu folgen. Er begab sich sogleich mit Lorenz nach Straßburg und fand den Stadtschreiber dort in einer Schenke;

er besprach sich mit ihm, und erst, als sich dieser zu keiner gütlichen Vereinbarung entschloss, führte er Klage gegen ihn und ließ ihn gefangen nehmen. Empört darüber blieb der städtische Vorstand zu Mainz bei der Verweigerung die Rente auszuzahlen, und wendete sich an den Rat von Straßburg um Freigebung des Gefangenen. Gutenberg, dessen friedlicher und humaner Sinn sich auch bei dieser Gelegenheit bewährte, gab nach und traf eine Übereinkauft mit dem Stadtschreiber, worin dieser sich verbürgte, gleich nach seiner Heimkehr dreihundert Gulden, abschläglich der Rente an einen Vetter Gutenbergs auszuzahlen.

Da es nun längst schon in seinem Sinne gestanden, seine Mutter zu besuchen, den Segen seines alten Lehrers sich zu holen und zu sehen, was aus Katharina geworden, beschloss er, dieses Geld selbst in Empfang zu nehmen, – lieh eine kleine Summe darauf und machte sich ungesäumt auf den Weg nach Mainz, Lorenz als treuen Wächter in St. Arkobast zurücklassend.

6.

Die schöne Stadt am Rheine, deren Bürger so stolz auf ihre Rechte und Freiheiten waren wie auf den Ruhm die erste und mächtigste Stadt an dem herrlichen deutschen Strome zu sein, behauptete noch immer ihre hervorragende Stellung. Allein dessen ungeachtet unterwühlten die feindlichen Elemente, die sich in ihrem eigenen Schoße entwickelten, wie die eindringenden Verhältnisse einer verworrenen, schlimmen Zeit, den Boden, auf dem sie sich einen langen Zeitraum hindurch in gleicher Höhe erhalten. So blühend Mainz auch in der ersten Hälfte des fünfzehnten Jahrhunderts noch dastand, wurde doch seit den heftigen Zerwürfnissen mit dem Adel und der Geistlichkeit etwas Unsicheres, an ihrem so fest begründeten Wohlstande Rüttelndes selbst von den Übermütigsten ihrer Einwohner wahrgenommen. Dazu kamen noch beständige Fehden mit mächtigen Nachbarn, erhöhte Abgaben für des Reiches Oberhaupt, dessen unausgesetzten Fahrten und die damit verbundene große Verschwendung ungeheure Summen erforderten. Auch der fortwährende Krieg mit den Hussiten erheischte die Kräfte der reichen Städte und mahnte sie, auf ihre eigene Sicherheit zu denken. So fand es auch der Rat der Stadt Mainz notwendig, die Festungswerke zu verstärken und zu erweitern und ließ die Mauern bis über die Vorstädte hinausrücken, neue Vorwerke anlegen und die Verteidigungstürme vermehren. Diese Anstalten aber zehrten mehr Geld auf, als die höchsten Berechnungen für möglich gehalten, und erschrocken darüber stellte plötzlich die Stadt ihre Zahlungen ein, bat ihre Gläubiger um Aufschub und ihren Erzbischof um Schutz gegen etwaige Verhaftungen der Mainzer Bürger in seinem Lande. Diese Demütigung war eine Voreiligkeit, die man nur zu bald bitter bereute, denn es stellte sich bei ruhiger Überlegung heraus, dass eine so reiche Stadt nicht so schnell verarmen könne und nötigen Falles noch Schätze genug besitze, ihre Ehre und Macht zu behaupten.

Durch Vermittlung einiger Großen des Reichs, wie des Basler Konziliums, hatte sich der Zwist mit dem Adel und Klerus beigelegt. Die Patrizier wurden, wie wir wissen, wieder zurückgerufen und ihnen in den meisten streitigen Punkten nachgegeben, nur was Rang, Ansehen und äußere Ehre betraf, hielten die Zunftgenossen die Gleichberechtigung mit ihnen unerschütterlich aufrecht. Mit dem Klerus war es mehr ein diplomatisches Abkommen, das von Seiten des Ersteren viele Hintertürchen offen ließ, und die sogenannte Pfaffenrachtung – ein merkwürdiges Aktenstück, welches damals zu Stande kam – und die Grundlage zu den späteren Verhältnissen der Stadt mit dem Klerus wurde, ist ein schlagender Beweis dafür. Dieses Dokument, der Stadt in freundlicher Weise aufoktroyiert, blieb ein wunder Fleck derselben, ein empfindlicher Dorn in ihrer mächtigen Hand. Äußerlich war der Friede nun wieder hergestellt, aber wirkliches Vertrauen der herrschenden Parteien zu einander wollte sich nirgends zeigen, und rüttelte fort und fort an dem Wohlergehen der Stadt.

Jakob Fust stand als erster Bürgermeister an der Spitze der Zünfte, und sein hochfahrender Sinn trug wesentlich dazu bei, nicht nur ihren Stolz, sondern auch ihren Übermut aufrecht zu erhalten. Er selbst in seinem Gewerbe, wie auch in seinem Hause, und besonders aber in seinem schönen Weibe, trug alles Ansehen, doch auch alle Hoffart des mächtigen und reichen Bürgertums zur Schau. In seiner Werkstätte wurde der Ruhm von Meister Helferichs einstigen Arbeiten überstrahlt; – sein Haus war prächtiger eingerichtet, als eines der wieder geöffneten Patrizier-Häuser. Margarethe schmückte ihre Stuben nicht nur mit den schönsten Arbeiten deutscher Meister aus, sie gab ihnen auch noch Kunst und Industrie-Erzeugnisse fremder Länder bei. Ihr Mann besaß ja Reichtum für solchen Luxus, und da sie kinderlos war, hatte ihr Herz kein höheres Interesse. Sie selbst ging in prächtigerer Kleidung einher, als je ein Bürgerweib getragen. Ihr Gewand von feinem Wollenstoff war so lang und faltig und von so strahlender Farbe wie das der vornehmsten Dame. Um ihre vollen Formen legte sich das Mieder ebenso eng an und bedeckte diese gerade so wenig, wenn sie zu einem Feste ging, als man es an den Frauen, welche den Banketten der Großen beiwohnten, wahrnahm, und auf ihrem Haupte saß der Aufsatz mit den weißen Federn und goldenen Zierraten fest und keck, wie auf dem Haupte der stolzesten Gräfin, ja keine hatte wohl eine so kostbare Agraffe daran, als für sie in der Werkstätte ihres Mannes verfertigt worden war, und nur wenige Gürtel blinkten mit so hellen Goldknöpfen und Schellchen wie der ihre; auch das Geschmeide, das sie um den schönen Nacken trug, hatte wohl nicht viele seines Gleichen. Wenn sie so einherschritt, war sie prächtig anzusehen, die stolzeste Bürgersfrau des güldenen Mainz, – und was sie tat und was sie sagte, stand in Harmonie damit. Sie dünkte sich wohl auch die Erste ihrer Vaterstadt, weil ihres Mannes Stimme am meisten darin galt, und wahrhaft majestätisch sah sie auch aus mit ihrer großen, imponierenden Gestalt und ihren herrischen blitzenden Augen.

Warsie glücklich dabei? – Wer konnte das entscheiden? –

Der Ausdruck ihres Gesichtes war ein beinahe gleichmäßiger. Auf ihrer Stirne lag keine frühzeitige Falte und keine schmerzlichen Linien zogen sich um ihren frischen Mund. Man hörte sie wohl nur selten lachen, doch klang es stets hell und klar, wenn auch nicht mit dem eigentümlichen und ansteckenden Laute wirklicher Freude – und weinen sah man sie nie. Sie hatte in ihrem Hause für sich eine eigene Stube einrichten lassen, in welche sie jedoch nur selten eintrat; wenn sie es tat, schloss sie dieselbe ab und war dann mehrere Stunden für niemand, selbst für ihren Mann nicht zugänglich. Diese Stube war einfacher eingerichtet, als alle anderen Räume des Hauses und war an die Stelle der Kammer gekommen, aus deren Fenster sie früher so oft auf Elsens Blumengärtlein hinabgeblickt hatte. Dieses hübsche Gärtlein war in der langen Zeit, in welcher es seine Pflegerin entbehrte, eine wahre Wildnis geworden und trübe sahen die verschlossenen Läden des Hofes zum Gutenberg darauf nieder. Diese nun waren zwar seit einigen Jahren wieder geöffnet, aber das Gärtlein blieb in seiner Verlassenheit liegen. Frau Else, deren schwarz eingehüllte Gestalt zuweilen an einem der Fenster sichtbar wurde, schien die Freude an den Blumen verloren zu haben. Disteln und wildes Gesträuch wuchsen unangefochten an ihrer Stelle und schlangen sich immer höher unter Margarethens Fenster an der Mauer hinauf, welche das Nachbarhaus von dem ihren trennte.

Margarethe hielt sich, seit der Hof zum Gutenberg nicht mehr ganz verschlossen war, öfter in diesem Gemache auf, als sonst geschehen. Da sich in denselben auch ein Schreibtisch und einige Bücher vorfanden, hieß es im Hause, was auch teilweise der Fall war, sie besorge die schriftlichen Geschäfte ihres Mannes, weshalb sie, um ungestört diese schwierige Arbeit zu vollbringen, stets die Türe des abgesonderten Gemachs verschließe.

Seit Else wieder in den Hof zum Gutenberg eingezogen war, saß jedoch Margarethe häufiger am Fenster als am

Schreibtische. Die dunkle, gebeugte Gestalt der einst so anmutigen, freundlichen Frau zog sie immer wieder dahin von wo aus sie dieselbe zuweilen sehen konnte. Was bei dem Anblicke der Mutter Johanns in ihrer Seele vorging, war jedoch nicht zu erkennen, wenn sie die verschlossene Türe wieder öffnete und die Stube verließ. Der gleichmäßige Ausdruck ihrer Züge blieb derselbe, selbst Jakobs scharfes Auge, das sie nach solchen Stunden forschend traf, konnte nicht die kleinste Veränderung darin bemerken.

Im Hofe zum Gutenberg blieb es indessen trotz der geöffneten Läden fast gerade so still, wie es gewesen, als sie noch verschlossen waren, denn außer dem schlürfenden Tritte des alten Paters, der seines hohen Alters ungeachtet noch immer Elsens täglicher Gast war, ließ sich selten ein lauter Ton darin vernehmen.

Die altgewordene Frau, in Trauer um den dahingegangenen Gatten, in tiefer Bekümmernis wegen Frielo und in schwerer Sorge um den fernen Sohn, lebte ganz stille vor sich hin. Ihr klares, mildes Gesicht hatte sich in schattige Falten gelegt und das schalkhafte Lächeln um ihren anmutigen Mund sich in ein wehmütiges verwandelt. Frielos zerrüttete Verhältnisse erlaubten ihm nicht, mit seiner Familie der Mutter nach Mainz zu folgen, obgleich er gern das verschuldete Hofgut in Eltville mit dem minder schwer belasteten Hof zum Gutenberg vertauscht hätte. – Konnte er es doch den Rittern, welche den Hof des Erzbischofs umgaben, nicht mehr gleich tun. Sein Hochmut rächte sich jetzt an ihm selbst, er musste sich den Verhältnissen beugen, die er heraufbeschworen hatte. So lange der alte Gensfleisch lebte, hielt dieser den bevorzugten Sohn oben und brachte dadurch beinahe sein ganzes Vermögen zum Opfer. Er tat dies ohne viel Bedenken, da er dem fernen Sohne, der gegen seinen Willen die Welt durchzog, grollte, und mit dem er sich erst auf seinem Sterbebette, von Elsens

Ermahnungen und dem nahenden Tode bezwungen, in seinem Innern wieder aussöhnte.

Als sein Leben zu Ende gegangen, war für Frielo kein Halt mehr, und er schloss sich, vereinsamt, kränkelnd und mürrisch in den alten Familiensitz ein. Seine jüngste Tochter fand in einer ziemlich guten Heirat ein bescheidenes Glück; – Katharina dagegen wies jede Bewerbung um ihre Hand zurück und folgte, als die Großmutter von Eltville schied, dieser nach Mainz, und lebte seitdem mit ihr ein stilles, fast klösterliches Leben in dem Hof zum Gutenberg. Ihr Wunsch war, in ein Kloster der Stadt einzutreten und gerne hätte sie das kleine, arme Kloster um Aufnahme gebeten, in dem Hemmas Grab seit kurzem sich erhob. Kunos Schwester hatte in dem armen heiligen Hause in Arbeit und Gebet ihren Seelenfrieden wieder gefunden und starb versöhnt mit ihrem trüben Geschick. Katharina, welche mit liebender Teilnahme an ihr hing, hatte sie häufig besucht und an ihrer frommen Ergebung die eigene Demuth gestählt. Das Kloster, das von Arbeit und Mildtätigkeit sich erhielt, sagte ihrem demütigen Wesen zu, allein der hochfahrende Sinn ihres Vaters, der, wenn auch äußerlich gebrochen, doch bei allen Familienangelegenheiten sich geltend machte, wollte sein Kind nur als Nonne in einem der reichstem nur den Töchtern des Adels zugänglichen Kloster sehen, nicht in dem der armen Schwestern zur heiligen Clara. Dazu aber fehlte es Katharina an der nötigen Mitgift, und da es nicht in ihrem Charakter lag, mit Gewalt etwas zu erzwingen, blieb sie vorerst bei der alten Großmutter.

Else war damit sehr zufrieden. Katharina war ihr bester Trost, ihre einzige Freude noch in diesen trüben Tagen. Mit Schrecken hatte sie nach dem Tode ihres Eheherrn erfahren, dass es ihrer mütterlichen Macht nur wenig gelungen war, für Johanns äußere Verhältnisse zu sorgen. Auch sein Erbteil, der Hof zum Gutenberg, war verschuldet, und außer der jährlichen Rente, die sie einst in besseren Zeiten bei der Stadt für ihn eingekauft, blieb ihm wenig übrig. Sie lebte mit der äußersten Sparsamkeit in dem lieben Familienhause, das zu veräußern ihr eine Unmöglichkeit gewesen wäre, selbst wenn es dem Sohne mehr Vorteil gebracht hätte. Seit sie wieder im Hof zum Gutenberg wohnte, klammerte sich ihr Herz an die Hoffnung an: Johann müsse jetzt wiederkehren, und, wie alle Mütter, beschäftigte auch sie sich oft Stunden, ja Tage lang mit der künftigen Häuslichkeit ihres Sohnes. War er nur erst wieder da, dachte sie in verzeihlicher Mutterschwäche, werde sich auch in kurzer Frist alles nach ihrem Wunsche gestalten, und bald ein liebes, braves Weib mit passender Mitgift für den wohlgebildeten Sohn eines alten Patriziergeschlechtes gefunden sein.

So suchte sie ihre Sorge um das geliebte Kind in Schlummer zu wiegen und das Weh ihrer jetzigen Tage mit einer freundlichen Zukunftshoffnung zu mildern, die sie sogar in mancher stillen Nachtstunde mit einer Freudenträne benetzte, in deren erquickendem Tau sie das einstige Geschick des teuren Sohnes aufblühen sah, wie eine hellleuchtende Blume über ihrem Grabe. – Aber noch immer blieb Johann fern und die seltene Kunde, welche von ihm kam, sprach nie von seiner Heimkehr, und oft drohte die Hoffnung, mit der sie so gerne seine Zukunft erhellte, zu erlöschen. Sobald jedoch die Tränen des Schmerzes über ihre gefurchten Wangen rollten und eine Klage gegen den Sohn aus ihrem Munde kam, wusste Katharine dieses schnell zu besänftigen, mit ihrem festen Glauben an Johanns höhere Bestimmung. Wie ein holder, schützender Geist stand sie neben der alten Frau, – wie ein Engel, der ihr irdisches Bangen mit himmlischer Kunde beschwichtigte und die klagende Sehnsucht ihres Mutterherzens immer wieder in Liebe, Hoffnung und Glauben auflöste. Katharinas ganzes Wesen hatte etwas Überirdisches angenommen, das auf

Else und auch den alten Pater bezwingend wirkte. Noch leiser als ihre Großmutter wandelte sie durch das stille Haus, – ihre leichte, ätherische Gestalt schien kaum den Boden zu berühren, ihr zartes, bleiches Angesicht mit den frommen, blauen Augen von jenseits gekommen zu sein. Längst schon war der rosige Schimmer der Jugend, der sie einst so irdisch schön gemacht, ihr entflohen und das goldene Haar, das üppig ihr liebliches Angesicht umsäumt, lag verborgen unter der weißen schleierartigen Umhüllung des Hauptes, die zugleich in dichten Falten ihren Oberkörper umschloss.

Else hing mit aller Liebe einer Großmutter, zugleich mit einer gewissen Ehrfurcht, an ihrer Enkelin und dankte im Stillen, trotzdem dass sie sich oft schwere Vorwürfe darüber machte, dem stolzen Sinne Frielos, der sie dem Kloster ferne hielt. Dem Wunsche Katharinas, sich dem klösterlichen Leben zu weihen, entgegenzutreten, fiel ihr jedoch niemals ein; – das wäre, nach den Ansichten der damaligen Zeit, eine zu große Sünde gewesen, und Else hätte gewiss, wenn es ihre Verhältnisse gestattet, Katharinas Mitgift für ein Kloster nach dem Wunsche ihres Vaters besorgt, ohne an den Schmerz zu denken, den ihr der Abschied von ihrer Enkelin bereiten musste. So aber, da dies nicht möglich war, verfiel sie eben unwillkürlich immer und immer wieder in die Sünde, sich über die wohltuende Anwesenheit des lieben Kindes ganz besonders zu erfreuen. Und wer konnte ihr dies auch verargen? – Hatte sie doch außer dem Pater und Katharina kein liebes, befreundetes Wesen um sich – und das Haus war so groß und die weiten Gemächer so leer und still!

Wenn der Abend kam und sie am Spinnrocken saß, musste denn da nicht Katharina neben ihr sein und ihr von Johann erzählen, – den Abendsegen beten, – oder ein frommes Lied ihr singen? Kam Martin noch dazu, was meistens der Fall war, konnte sie all ihr Leid bezwingen, ja manchmal so zufrieden sich fühlen, dass der heitere Ausdruck mit dem wehmütigen in ihrem Gesichte um den Sieg rang und ein Lächeln von ehedem sich wie eine Mahnung an frühere glücklichere Tage um ihren bleichen Mund ziehen wollte. Wie freute sich der gute, alte Freund, wenn er dies bemerkte. Sein welker, zitternder Körper, der so sichtlich am Rande des Grabes schwankte, schien dabei immer wieder frische Lebenskraft zu gewinnen.

Doch manchmal auch gelang es weder Katharina noch ihm, die besorgte Mutter froher zu stimmen. So saßen sie eines Abends beisammen und Elses Sehnsucht nach dem fernen Sohne wollte sich nicht beschwichtigen lassen.

»Warum bist du nur heute so kleinmütig, liebe Ahne?«, fragte Katharina mit einigem Vorwurf.

»Sein Geist ist uns ja immer nahe, wenn auch sein Körper in der Ferne weilt. Er denkt in Liebe unserer, wie wir seiner, und wenn es Zeit ist, kehrt er auch wieder. Glaube es doch – du lauschest ja sonst so gläubig meinen Vorhersagungen.

»Ich werde sie nicht erleben – seine Wiederkehr«, wandte die alte Frau leise und schmerzlich ein.

»Gewiss, du wirst's erleben, Ahne«, sprach Katharina mit Zuversicht »Denn, sieh, so steht's vor meiner Seele – ja mir ist's seit einigen Tagen, er werde bald kommen, recht bald.«

Sie versank in Nachdenken, und weder der Pater noch Else störten sie darin. Nach einer Weile neigte sie, wie aufmerksam lauschend, ihr Haupt zur Seite, dann sprang sie plötzlich auf und rief, während ihr ganzer Körper in eine zuckende Bewegung geriet:

»Wie wird mir? Mein Blut wallt auf – meine Pulse klopfen und mein Herz ruft: er kommt – er ist da – ja ja, ich höre seinen Schritt – ich empfinde seine Nähe. Mutter, dein Sohn ist es – Johannes – mein Seelenfreund!«

Sie taumelte zurück und lehnte sich erschöpft in eine Fensternische. Martin trat besorgt zu ihr, während Else nach der Türe starrte, die sich eben langsam öffnete. Ein Freudenschrei drang aus ihrer Brust und der Sohn lag zu ihren Füßen, sein weinendes Angesicht in ihrem Schoße verbergend.

»Bist du's denn wirklich – mein Sohn – mein Henne – mein liebes Kind?«, stammelte Else, bemüht, mit ihren zitternden Händen sein Haupt emporzurichten, sein liebes Auge dem ihren entgegen – und es fand das ihre und sie hingen sich so fest und innig aneinander, als ob ein heiliger Magnet sie unauflöslich zusammenkettete. Else vergaß im Anblicke des Sohnes den Freund und die teure Enkelin – vergaß die ganze Welt – alles, außer ihrer Liebe zu ihm – und er, gefesselt von dem innigen Blick dieser Liebe, sah nur sie – und jede Frage küsste sie ihm von den Lippen, erstickte sie mit ihren Liebeslauten, mit ihren Freudetränen.

Da trat der Pater leise hinzu und unter Tränen lächelnd sprach er mit liebreichem Vorwurf:

»Ei, Frau Else, gönnt uns doch auch ein wenig Teil an dieser Freude! Könnt Euch doch denken, wie mich's verlangt nach dem Gruße meines Zöglings – und auch Katharina, welche dies Glück uns verkündet hat, sehnt sich gewiss nach dem Willkommskuss des lieben Ohms.«

Gutenberg erhob sich rasch und drückte den alten Freund an sein Herz – dann ergriff er Katharinas beide Hände, die noch immer regungslos am Fenster lehnte, zog sie zu sich her, küsste ihre reine Stirne und flüsterte bewegt:

»Gott zum Gruße, meine liebe Muhme!«

Dann sah er sie lange an und ein leises Weh schlich sich in die freudige Erregung dieses Wiedersehens. Sie kam ihm so verändert vor, das rosige Kind, das in seiner Erinnerung gelebt, fand er nicht wieder, und so engelhaft auch ihre Erscheinung war – sie machte einen wehmütigen, fast schmerzlichen Eindruck auf ihn.

»Bist du krank, Katharina?«, fragte er sie nach einer Weile stillen Beschauens.

»Nein, Johann«, gab sie kaum hörbar zur Antwort. »Ich war gesund bis heute, nachdem ich kurz nach deinem Abschiede eine schwere Krankheit überwunden. Mein Körper blieb seitdem gesund, – die Seele – die leidet immer an Gebrechen, und um sie zu heilen, soviel als hienieden möglich, will ich mein Leben in einem Kloster beschließen. Dass ich noch nicht in heilige Mauern eingekehrt bin, ist nicht meine Schuld; – doch darüber lasse uns jetzt nicht sprechen. Jetzt wollen wir. uns nur deiner Ankunft freuen, und sorgen, dass es dir recht gut bei uns werde. Ich will gehen, dies zu tun. Sieh, deine Mutter verlangt auch schon wieder nach dir, und mit Recht. Da, liebe Ahne, hast du ihn wieder. Ich gehe, den Abendimbiss und sein Nachtlager zu bereiten.«

Damit schlich sie leise von dannen, von einem trüben Blicke Johanns begleitet; doch Else ließ ihm nicht viel Zeit, über Katharinas verändertes Wesen nachzudenken und Martin stand ihr darin treulich bei.

Frage drängte sich an Frage.

»Nun bleibst du doch ganz und für immer bei mir?«, sagte Else, als eben Katharina wieder eintrat. Sie vernahm diese Frage und ihr Auge fiel forschend auf Johann, und noch ehe er seiner Mutter antworten konnte, sagte sie:

»Quäle ihn doch nicht mit solchen Fragen, Ahne! Zu was willst du schon bei der Freude des Wiedersehens sein Gemüt ängstigen? Es geschieht doch nichts anders, als was er längst beschlossen – und kann auch nicht sein, da ein höherer Wille ihn lenkt.«

»Dieser aber hat ihn nun zu mir geführt, in meine Arme«, fiel Else eifrig ein und den Sohn umfassend fuhr sie fort: »Ist's nicht so, Henne? Sage ja und mache deine alte Mutter glücklich, so glücklich, wie es dann auf der ganzen Erde keine Mutter mehr gibt.«

»Lass uns darüber sprechen, wenn wir ruhiger geworden sind«, bat er sie.

Doch sie wollte Gewissheit, und nach einigem Zögern sprach er sanft: »Noch ist die Zeit nicht gekommen, wo ich für immer in die Heimat zurückkehren möchte; – dränge drum nicht in mich, liebe Mutter. Was ich begonnen, ist schwer – noch lange nicht erreicht – und erst dann will ich wiederkehren, um es Euch und der Heimat als Geschenk darzubringen.«

»Kannst du es denn nicht in der Heimat, bei mir, hier in deinem Hause vollbringen?«, beharrte Else.

»Lass ihn doch, Mutter!«, fiel Katharina mit gehobener Stimme ein. »Was verstehen wir denn von dem Werke, das er mit Gottes Hilfe vollbringen soll. Stelle dich ihm mit deiner Mutterliebe nicht als Hemmnis in den Weg. Das wäre große Sünde, denn was er tut, hat Gott selbst ihm vorgezeichnet.«

Ihr Auge strahlte bei diesen Worten in wunderbarem Glanze und über ihr zartes Gesicht zog das leuchtende Rot heiliger Begeisterung.

Alle sahen sie staunend an; – Gutenberg sprach tief ergriffen zu ihr:

»Heiliges Kind, wenn dein Auge weiter sieht, als das der Sterblichen, o, so sage mir, werde ich denn wirklich vollbringen, was vor meinem Geiste steht? –«

»Du wirst es«, gab sie mit Bestimmtheit zur Antwort.

Er beugte sein Haupt vor ihr nieder. Sie legte ihre Hand darauf und fuhr in halblauten Worten fort:

»In weiter, weiter Ferne sehe ich dich hoch erhaben stehen, dich, Johannes Gutenberg – ein Lorbeerkranz umgibt dein Haupt und zu deinen Füßen liegt eine Welt voller Wunder, wie sie jetzt keine trägt – ich kann sie nicht fassen, nicht nennen, sie häufen sich immer mehr um dich her, – aber« – sie erbebte und umfasste mit beiden Händen krampfhaft sein Haupt und flüsterte: »Oh, Oh, – alles entschwindet wieder – ich sehe nur noch dich, wie du hier vor mir stehst – eine Dornenkrone auf deinem Haupte – Dornen auf allen deinen Wegen – Johannes, mein Freund, mein teurer, lieber Freund! Gott beschütze dich!«

Sie sank zusammen.

Else brachte sie hinweg und Martin sagte zu Johann:

»Sie hat zuweilen solche Anfälle – und ich werde nicht recht einig mit mir, ob ihre Weisheit unmittelbar von oben kommt und der schwache, menschliche Körper dies eben nicht recht verträgt, oder ob dieser in krankhafter Gereiztheit den Geist Dinge schauen lässt, die in der Ferne liegen und so oder so kommen mögen, immer etwas Wahres enthalten, weil er sich immer damit beschäftigt und dadurch einige Voraussicht erhält.«

Else kehrte wieder. Die Freude des Wiedersehens war etwas gestört durch die voreilige Sorge, die sich hinein gedrängt und Katharinas Zustand. Das Mahl ging ziemlich still vorüber. Johanns und Martins Gedanken waren mit Katharina beschäftigt, während Elsens Auge das Äußere des Sohnes prüfte, und dieses, so schön und stattlich es auch war, ihr Mutterherz doch nicht recht befriedigen wollte. Eine zu frühe Furche zeigte sich auf ihres Lieblings Stirne und die weichen Schönheitslinien um Mund und Schläfe, welche sie einst entzückten, waren verwischt von den Spuren der Mühen und Sorgen eines ernsten Lebens. Als er ihr gute Nacht sagte, streichelte sie seine Wange, sein braunes Haar mit jener prüfenden Zärtlichkeit, welche überall eine schmerzliche Entdeckung zu machen fürchtet und doch alles, auch das kleinste, zu wissen verlangt. Dann küsste sie ihm Locken, Stirne, Mund und Wangen so oft und so innig, als könne der Mutterkuss sie wieder frischer und jugendlicher küssen.

Von jetzt an wurde Else wieder viel rühriger und belebter. Was hatte sie auch nicht alles zu tun und zu sorgen in der kurzen Zeit von ihres Sohnes Anwesenheit; denn dass er bald wieder nach Straßburg zurückkehren wolle, hatte er ihr gesagt; und sie widersprach ihm nicht mehr. Sie dachte jetzt nur noch daran, ihn für die Fremde möglichst gut auszustatten; ja sie verwendete sich selbst mit großem Eifer dafür, ihm den jährlichen Ertrag seiner Rente wieder zu sichern, allein hierin blieben alle Schritte erfolglos. Durch die Gefangennehmung des Stadtschreibers hatte sich Gutenberg viele Feinde in seiner Vaterstadt gemacht, deren Einfluss ihm schadete und ihm vorerst nichts weiter gewinnen ließen als die verbürgten dreihundert Gulden. Erst später, wenn er sich häuslich in Mainz niederlassen wolle, ward ihm der Bescheid, könne er wieder seine Rente beanspruchen. Da ihm aber jetzt mehr Geld als diese dreihundert Gulden nötig und nützlich war, verkaufte er einen Teil seiner künftigen Ansprüche für eine nicht sehr erhebliche Summe; allein sie hatte im Augenblicke zu großen Wert für ihn, als dass der spätere Nachtheil ihn hätte zurückschrecken können.

Katharina wurde während Gutenbergs Anwesenheit auffallend stiller und bleicher, und als Martin sie eines Tages allein zu Hause traf, warf sie sich ihm zu Füßen und beschwor ihn in einer an ihr ganz ungewohnten Aufregung, ihr doch beizustehen, dass sie bald und für immer diesem Hause und der Welt entfliehen könne. Sie zeigte eine so auffallende Unruhe bei dieser Bitte, dass Martin in sie drang, ihm doch den Grund zu sagen, warum sie gerade jetzt so eifrig nach dem Kloster verlange. Und ihr Gesicht in seine Hände bergend beichtete sie:

»Große Sünde will abermals mein schwaches Herz beschleichen. – Seit ich ihn wiedersah, seit ich täglich seine Stimme höre, will jenes Gefühl wieder in mir erwachen, – jene verbrecherische Empfindung, die ich für den Bruder meines Vaters nie hätte haben dürfen und die ich längst zur Ruhe gekommen wähnte. Drum will ich fort aus diesem Hause, in welchem ich ihn, auch wenn er wieder fern sein wird, wandeln sehen werde mit seinem lieben, ernsten Angesicht, seiner hohen Gestalt, seinem innigen Blicke. O, guter Vater, schützt mich vor mir selbst – vor ihm und allen Erinnerungen an ihn!«

»Die werden auch in das Kloster mit dir wandeln«, erwiderte der Pater kopfschüttelnd. »Ein so tiefes Gefühl verdrängt nicht Gebet, nicht klösterliche Einsamkeit.«

»Wie? Ihr glaubt, diese Sünde sei nicht zu überwinden?«

»Sünde? Was nennst du Sünde, mein Kind? Dass du den Bruder deines Vaters mehr liebst als die anderen Menschen alle? – Ein so reines Gemüt wie das deine – wie sollte das zu einer Sünde kommen? – Beruhige dich, meine Tochter. Halte die sündigen Wünsche – Wünsche, die nun einmal von der Kirche nicht gut geheißen werden, dir fern, da sie dir nur Pein brächten; – lieben aber mit deinem reinen, heiligen Herzen darfst du ihn, – das ist nicht Sünde; – denn so recht innige, reine Liebe ist fromm wie das Gebet selbst, wem sie auch geweiht sei, ob dem Bruder eines Vaters, ob der – –«

Er hielt plötzlich inne, als habe er schon zu viel gesagt; – dann zog er die Kniende empor, streichelte ihr über die blasse Wange und fuhr wehmütig fort:

»Entsagung hat die Rosen auf deinem Angesichte gebleicht. Du hast entsagen müssen, Katharina, und hast es zeitlich erkannt; warum dich jetzt quälen mit Gewissensskrupeln? Und weshalb in ein Kloster fliehen vor dir selbst und deinen besten Gefühlen? – Bleibe bei uns –

bei ihr, der du eine Stütze bist in ihren alten, schwachen Tagen. Warum willst du in Gebet und Kasteiungen mehr Trost finden als in Erfüllung heiliger Pflichten, an die dein Herz mit doppelten Banden dich fesselt? Überlege dies wohl, meine Tochter, und gehe nicht ins Kloster, so lange du noch auf der Welt nützlich sein kannst. Denke an deine Ahne – und an ihn, dessen Mutter du allein den Sohn zu ersetzen vermagst.«

Er verließ sie nach diesen Worten – und schwankend, zweifelnd blieb sie zurück. – Da kam nach einer Weile Johann aus einem Seitenkabinett, trat zu ihr, fasste ihre Hand und sagte weich:

»Martin hat mir eben mitgeteilt, dass es dich verlangt, bald in ein Kloster zu kommen. Ich kann dir diesen Wunsch mit dem Reste meiner Rente erfüllen, der dir die Pforten eines jeden Klosters öffnen wird. Mich kostet es kein Opfer, denn bis zu der Zeit, wo ich mich ganz hier niederlasse, werde ich ja doch von derselben nichts beziehen – und kehre ich einst zurück, denke ich diese kleine jährliche Einnahme leicht zu entbehren. Drum, liebe Muhme, will ich vor meiner Abreise bei der Stadt beantragen, dass die Ansprüche, die ich noch an jene Rente habe, dem Kloster zugeschrieben werden, das dich aufnimmt. Martin soll mit dem betreffenden Kloster Rücksprache nehmen, dass, sobald es dich verlangt, du dieses Haus verlassen und dort einziehen kannst. Ist es deinem Herzen Wohltat, dann lass dich durch keine Rücksicht davon abhalten – und nur, wenn du hier im Hof zum Gutenberg Ruhe und Frieden findest, bleibe bei der alten Mutter. Das eine wie das andere ist ein Gotteswerk. Welches von beiden dich mehr befriedigt, Katharina, das wähle. Doch prüfe wohl! –«

»Es bedarf keiner Prüfung mehr«, erwiderte sie nach kurzer Pause in gehobener Stimmung, indem sie Gutenbergs Hand fasste. »Ich will hier bleiben bei deiner Mutter,

Johann, – will sie warten und pflegen, so lange sie lebt. Es war ein täuschender Nebel, der mein Auge umhüllte, als ich es anders für besser ansah. Klar steht es jetzt vor meiner Seele: es ist nicht Sünde, dass ich dich liebe, wie ich es tue und ewig tun muss. Das erste, heiße Jugendverlangen ist längst überwunden. Es war nur eine schwache Anfechtung, die mich befallen, denn meine Liebe zu dir ist geheiligt, stehst du doch selbst als ein Heiliger vor mir. Ich will sie drum auch nicht länger zu verbergen suchen; – Ihr alle sollt sie erkennen, steht sie doch hoch über allen irdischen Wünschen. Ziehe du beruhigt gen Straßburg –deiner Mutter bleibt ein treues Kind zur Seite bis ihr Auge bricht. Dann erst, Johann, will ich scheiden aus diesem Hause, aus der Welt; – dann erst ist meine Stätte das Kloster. Bis dahin verharre ich in deinem Hause, schütze die Mutter mit meiner kindlichen Liebe und denke deiner, mein Seelenfreund, wie ich der Heiligen gedenke, zu denen ich täglich bete.«

»Ich danke dir, Katharina«, sprach Gutenberg tief ergriffen. »Danke dir aus voller Seele für deinen Entschluss, der mir das Scheiden leichter macht. Wenn ich erreicht, wonach all meine Sinne trachten, dann kehre ich wieder und leg es dir zu Füßen, Heilige!«

»An dem Altare Gottes leg es nieder, nicht vor mir!« – sprach sie in Ekstase. »Dort falle mein Auge betend, dankend, preisend darauf, dort, mein Freund, – mein heiliger Freund.«

»Gott und dir sei das erste gelungene Werk geweiht«, erwiderte er. »Deine Seele allein fasst die Größe meines Gedankens, weil sie Gottes Stimme darin erkennt, wie ich. – Wenige nur erkennen, was Gott zu ihnen spricht und Hohn trifft häufig die, welche sein Wort verstehen und es offenbaren. Drum lass es uns wie seither in unserer Brust verschließen, bis die Tat als vollendetes Werk es der Welt verkündet.«

»So sei es«, sprach Katharine feierlich.

»Wenn wir uns nach Jahren wiedersehen«, sagte er, ihre Hand ergreifend, »stehe ich der Vollendung nahe. – Nur so kehre ich, oder niemals wieder.«

»Du kehrst wieder. Wir sehen uns wieder«, verhieß sie mit frommer Zuversicht. »Wenn auch dein Weg über Dornen geht – und du aus tausend Wunden blutest – er führt zum Ziele. Das halte fest.«

Else und Martin traten ein.

Katharina setzte sich still zur Seite. Ihr Angesicht war so heiter wie lange nicht mehr; die tiefverborgene Liebe, die in manchen Stunden wie eine schwere Schuld aus der Jugendzeit in ihr nachgeklungen hatte, und durch Gutenbergs Nähe wieder lebendiger aufgewacht war, ging jetzt, nachdem sie dieselbe bekannt, in eine heilige Begeisterung für ihn über, welche sie beglückte und die, wenn auch Täuschung in dieser Exaltation liegen mochte, sie doch in einer Weise hob, vor der jeder irdische Wunsch, jedes sinnliche Verlangen verstummte.

Gutenberg jedoch war von dieser Szene schmerzlich aufgeregt und obgleich er niemals an Katharinas Besitz gedacht hatte, bewegte doch das Geständnis ihrer Liebe, wenn es gleich ein heiliges war, sein Herz und machte ihn etwas unruhig. Er verließ deshalb bald die Stube und ging hinab in das Gärtlein, das einst so schöne Blumen getragen. Es tat ihm weh, jetzt nur wildes Gestrüpp darin zu finden und unwillkürlich sah er an der Mauer auf an Margarethens Haus, an das Fenster, durch welches er ihr einst die verhängnisvolle Blume gereicht. So viel Liebe hatte ihm schon freundlich zu häuslichem Glücke gewinkt – und er hatte sie verschmäht. Ein einsamer Wandler auf der schweren Bahn seines Lebens stand er da. Konnte denn nicht das liebende Herz und die sorgende Hand eines Weibes sie ihm leichter machen? War es nicht Hochmut, dass er glaubte, nur allein darauf wandeln zu dürfen, und außer Katharinas prophetischem Blicke er keinem anderen darauf zu weilen vergönnte?

Er versank in Nachdenken – da klirrte über ihm das Fenster und Margarethens schönes, stolzes Gesicht beugte sich zu ihm nieder und in etwas höhnendem Tone klang es an sein Ohr:

»Ei, sieh da! Der Junkherr Gutenberg ist auch wieder in Mainz, und kehrt nicht einmal im Nachbarhause ein. Seid Ihr so stolz geworden, oder es vielmehr auch in der Fremde geblieben? Ich meine, Ihr hättet nicht Ursache dazu, und könntet jedenfalls in Eurem adeligen Hause etwas bescheidneren Sinn jetzt lernen.«

Gutenberg, überrascht durch Margarethens Anrede und gekränkt durch ihre Worte, wusste nicht gleich das Richtige zu erwidern und sie fuhr fort:

»Wollt Ihr guten Rat annehmen, Junkherr, so wählt Euch eine tüchtige und reiche Hausfrau, denn ein behagliches Leben hält schadlos für viele Täuschungen. Ich erfuhr dies an mir selbst, und da Euch ohne Zweifel auch schon Manches nicht nach Wunsch ging, denn Euer Aussehen zeigt's, – so könnte eine gute Heirat ein taugliches Auskunftsmittel geben.«

»Meint Ihr, Frau Fustin? Ich will mir's überlegen«, erwiderte Gutenberg, unangenehm berührt.

»Wie kurz Ihr seid. – Ihr wollt wohl gar den Beleidigten spielen – und solltet doch wahrlich recht dankbar sein, wenn ich noch zu Euch reden mag nach der Schmach, die Ihr mir einst angetan.«

»Wie, Margarethe, tragt Ihr mir jene schlimme Stunde noch immer nach?«

»Als ob ich sie je vergessen könnte?«, fuhr sie heftig auf.

»So unversöhnlich seid Ihr? Ihr, Margarethe, – meine liebe Jugendgespielin ?«

»Schweigt davon, Junkherr. Diese Zeit liegt zu lange schon hinter uns, um ihrer noch zu gedenken. Ich habe sie längst vergessen.«

»Wie? Lebt sie denn nicht in Euren Kindern Euch wieder auf?«

»Ich habe keine Kinder – wünsche mir auch keine.«

»Gebe Euch der Himmel diesen Segen dennoch, ist mein bester Wunsch für Euch – denn Euer Gemüt würde dadurch milder werden, und Ihr glücklicher dabei sein als Euer Hochmut Euch macht, und auch jener Tage würdet Ihr dann in Liebe wieder gedenken, in denen wir so fröhlich mit einander spielten.« –

Sie schloss, ohne etwas zu erwidern, so rasch das Fenster, als sie es geöffnet hatte – und heute zum ersten Male bemerkte ihr Mann Tränenspuren in ihren Augen, als sie aus ihrer Stube trat.

Johann kehrte in das Haus zurück noch peinlicher und unruhiger in seinem Innern gestimmt als zuvor. Er suchte die Mutter auf; es verlangte ihn nach ihrer milden, treuen Liebe und er war froh, dass der Pater schon weggegangen und Katharina mit häuslichen Dingen beschäftigt war. Er ließ sich auf einen niederen Sitz neben ihr nieder und bald hörte ihre Spindel zu surren auf, der Spinnrocken ward zur Seite geschoben und Gutenbergs Nacken vom Arme der Mutter umschlungen, sein Haupt an ihre Brust geneigt, sein Auge zu dem ihren aufgeschlagen. So plauderten sie vertraulich mit einander, und nach einer Weile, während Else ihren Arm noch fester um des Sohnes Schulter legte und ihr Haupt noch tiefer zu ihm herabbeugte, sagte sie zu ihm:

»Ich rede nicht mehr gegen deine baldige Abreise, noch deinen ferneren Aufenthalt in Straßburg – du willst es so, mein Sohn, und von jeher nannte ich ja gut, was in deinem Sinne stand. Nur das verspreche mir: gib das Umherwandern auf.«

»Von Straßburg führt mein Weg hieher, zu dir Mutter«, fiel er rasch ein.

»Ich danke dir für dies Versprechen; nun habe ich aber noch eine Bitte, lieber Henne, eine recht innige Bitte an dich zu richten. Willst du mir geloben, auch diese zu erfüllen, dann sehe ich dich ganz zufrieden scheiden und warte geduldig deiner Wiederkehr.«

»Sprich, liebe Mutter. Wie gerne tue ich, was dich beruhigt und erheitert.«

»Sieh, Henne, ich dachte mir es freilich nicht so, viel besser; nun du aber wieder in die Fremde ziehst auf unbestimmte Zeit, könnte es auch auf andere Weise gut werden. Du sagst, dass du dir bald viel zu erwerben gedenkst, – der Erwerb ist keine Schande, obgleich ich dich lieber mit zeitlichen Gütern überschüttet hätte. Da nun aber in den Erwerb kein rechter Segen kommt, wenn ihn nicht eine brave, fleißige Hand verwaltet, solltest du dir eine Hausfrau suchen, ein gutes treues Weib. Gewiss, Johann, es würde dann alles besser bei dir werden. Du bist in den Jahren, wo der Mann einer Häuslichkeit bedarf, sollen seine Geschäfte gedeihen und er nicht ein wunderlicher Heiliger werden. – Widersprich mir nicht. Die Erfahrung ist auf meiner Seite, – und ganz ruhig wegen deiner kann ich erst werden, wenn ich weiß, dass ein gutes, treues Weib dir zur Seite steht.«

»Du magst Recht haben, liebe Mutter, dass es besser für mich wäre, ein liebendes, sorgendes Wesen um mich zu haben. Oft schon habe ich nach den Mühen des Tages mich darnach gesehnt; – doch nicht nach Liebesglück, sondern nach treuer Freundschaft; die Liebe mag beseligende Momente bringen, aber sie zerstreut die Gedanken und zieht sie von ernster Tätigkeit ab.

»So meine ich es auch nicht. Höre mich ruhig an. Wähle, prüfe mit Herz und Verstand zugleich. Du bedarfst einer sorglichen Hausfrau, die ordnend und schaffend um dich und über dir waltet, – nur dann, wenn du eine solche findest, nimm sie dir zum Weibe. Dann wird dir alles leichter werden, du kommst in allem schneller zum Ziele, – und schneller wirst du dann auch wieder bei mir sein. Wie glücklich wäre deine alte Mutter, wie zufriedener könnte sie das Auge für immer schließen, wenn sie dich mit Weib und Kind hätte einziehen sehen in dieses Haus. Bedenke auch, mit dir stirbt der Name Gutenberg aus, ein Name, der mir so lieb und wert, so tief eingegraben in meinem Herzen steht. – Versprich mir wenigstens«, fuhr sie unter hervorbrechenden Tränen fort, »dass, wenn du auch nicht die Gelegenheit suchen willst, du ihr doch nicht aus dem Wege gehst, wenn sie sich dir bietet und dein Auge offen ohne Vorurteil daran richtest. Gelt, mein guter Henne, mein liebstes Kind, das versprichst du deiner Mutter? –«

»Hier meine Hand darauf!«, gab er lächelnd ihrem Wunsche nach.

Der einsame Aufenthalt in St. Arkobast kam ihm nicht als der geeignete Ort vor, eine Heiratsgelegenheit zu finden, doch wollte er der guten Mutter diesen Missstand nicht mitteilen, und da seine Zusage sie sichtlich erheiterte, machte er auch keinen sonstigen Einwand mehr.

Einige Tage später verließ er Mainz und benützte eine Schiffsgelegenheit nach Straßburg.

7.

Die Fahrt rheinaufwärts ging damals noch sehr langsam vonstatten und Gutenberg wurde sie fast unerträglich lange. Sein Gemüt, von dem Abschied gedrückt, fand bei der geringen Abwechslung, welche diese Reise bot, keine erheiternden Momente, und in wahrem Schneckengange schlichen die Stunden und Tage an ihm vorüber. Es verlangte ihn nach Arbeit; sie tat ihm in seiner jetzigen Stimmung doppelt not, und mit Ungeduld sehnte er sie herbei.

Für einige Zeit wieder mit Geldmitteln versehen, konnte er nun größere Versuche wagen, nötige Gegenstände sich verschaffen, verschiedene fördernde Dinge sich machen lassen. Sein Ziel stand ihm noch so ferne, denn was er bis jetzt auch geschafft und erreicht, es blieb doch immer nur erst ein Anfang zu dem großen Werke, das seinem Geiste vorschwebte und dessen Vollendung, ja nur Vervollkommnung ihm immer wieder bald durch größere, bald kleinere Hemmnisse in unabsehbare Ferne entrückt worden war. Wohl verfertigte er in seiner geheimen Werkstätte kleine Bücher durch Holztafeldruck vermittelst eines Reibers und diese wurden viel schöner und zierlichen als jenes war, das er bei seinem Abschiede aus Haarlem der Tochter des Küsters gegeben, – auch war es nicht schwer, aus dieser Kunst einen industriellen Erwerbszweig zu machen. Aber dies stand weit, himmelweit hinter seiner großen Idee zurück und konnte ihm deshalb auch keine Befriedigung gewähren. Was er bis jetzt erreicht, überschritt in nichts Wesentlichem das Gewerbe der Briefdrucker, das sich in dieser Zeit

allenthalben ausbreitete. Teils hatten sich seither die nötigen Geldmittel einem rascheren Voranschreiten Gutenbergs hemmend entgegengestellt, und dann war ihm auch
eine Hauptsache, die richtige mechanische Erkenntnis
noch nicht aufgegangen; er hatte sich bis jetzt mit der Vervollkommnung des unzureichenden Tafeldruckes in jahre-
langer Arbeit abgemüht und musste endlich der Überzeugung Raum geben, dass auf diese Weise der Druck niemals
die Bedeutung gewinnen könne, die ihm von demselben
vorschwebte. Anderes musste ausgedacht, musste versucht
werden, und er brannte vor Verlangen, sein stilles Asyl wieder zu erreichen. Die welterschütternde Bedeutung einer
leichten und schnellen Vervielfältigung der Schrift stand
klar vor Gutenbergs Geist – aber noch war ihm das Wie
nicht klar geworden, noch suchte er vergebens darnach,
suchte während des Verbesserns mangelhafter Hilfsmittel
neue zu entdecken, um auf den rechten Weg der Erfindung
zu gelangen, deren Größe und Wichtigkeit er erkannte.
»Wer sucht, der findet.« Dieses Wort der Schrift vergaß er
nie, und sein Glaube, dass er finden werde, was er suchte,
hatte sich während seiner Wanderschaft zu einer seltenen
Seelenstärke gestählt. Die Vollkommenheit, die sich ihm in
vielen Zweigen des technischen Wissens, wie der gewerblichen Arbeit, besonders in Venedig gezeigt, bestärkten ihn
darin, dass die ersten rohen Versuche des Druckverfahrens,
die er in Haarlem kennen gelernt und dort selbst ausgeübt
hatte, nur die Vorläufer einer weit auszubildenden Kunst
seien, einer Kunst, deren ungeheure Bedeutung schon in
früher Kindheit ihn ahnend durchdrungen hatte und mit
ihm emporgewachsen war, wie ein Teil seines eigenen
Selbst und in ihm fortlebte, gleichsam als das Vorgefühl der
ihm innewohnenden Kraft, als die göttliche Triebfeder, die
richtig erkannt und verstanden, den Menschen stets seiner
wahren Bestimmung entgegenführt, indem sie sein Wol-

len und Tun mit den Eigentümlichkeiten seines innersten Wesens in Einklang bringt.

Dass Gutenberg so lange Jahre zur Erfindung einer Kunst bedurfte, deren technischen Anfang er frühzeitig gesehen und erlernt, überrascht uns bei der großen Ausdehnung des Wissens unserer Tage, das die Ideen erfinderischer Köpfe so leicht realisieren lässt. Bedenkt man jedoch, dass Gutenbergs Schaffen ein abgeschlossenes, vereinzeltes Schaffen war, das auf einem ganz rohen Fundamente fasste, der nötigen Hilfsmittel entbehrte, und er sich diese erst durch mühsame Versuche mit seiner Hände Arbeit verschaffen musste; – blickt man mit ehrfurchtsvoller Bewunderung auf die riesige Ausdauer, mit der er sein ganzes Leben an den einen Gedanken hingab – und nur die vollständige Erkenntnis von der Größe und Wichtigkeit desselben konnte dies möglich machen. Lag doch schon den gebildeten alten Völkern die Erfindung des Bücherdruckes sehr nahe. Viele Beweise sprechen dafür. Allein sie gingen daran vorüber, weil sie den großen Zweck nicht erkannten, zu dem freilich ihre Zeitverhältnisse nicht so entschieden hindrängten, als es damals der Fall war, wo in Gutenbergs Seele zuerst die große Idee lebendig wurde. Bei ihm kam dann noch hinzu, dass der fromme Glaube seiner Zeit in rührend schöner Weise in ihm lebte und ihn das Außerordentliche, was sein Geist erfasste, als eine göttliche Offenbarung hinnehmen ließ.

Doch folgen wir ihm nach Straßburg.

Je näher er dieser Stadt kam, desto klarer wurde wieder sein Auge, und als er endlich den hohen Münster erblickte, schien selbst der letzte schmerzliche Nachklang des Abschieds in seiner Brust zu verstummen, – denn sie hob sich in einem langen, tiefen, frohen Atemzuge, und als müsse er den mächtigen Bau freudig begrüßen, streckte er, in unwillkürlicher Bewegung, die Arme nach ihm aus,

neigte er sein Haupt ihm entgegen. Sein Auge hing sich mit
begeisterter Freude an die erhabene Schöpfung, in der sich
ihm die ganze Kunst, Größe und Frömmigkeit einer Zeit
ausdrückte, deren Verfall ihre unerquicklichen Trümmer
rings umher ausgeschichtet hatte, und aus denen mahnende Geisterstimmen nach neuen, erhebenden Taten rie-
fen, nach Taten, die aus ihrem Untergang eine neue Zeit in
milderem Lichte heraufbeschwören wollten. Der Anblick
des riesigen Tempels machte stets eine erhebende und
erschütternde Wirkung auf Gutenbergs Gemüt und übte
so einen mittelbaren Einfluss auf sein Schaffen aus.

Der Geist, welcher die großen Meister geleitet, deren
Werke als ein ewiges Denkmal der gigantischen Kraft ihrer
Zeit wie ihres eigenen Wollens vor uns stehen, lebte ver-
jüngt und verfeinert in Gutenberg fort. Er selbst empfand
dies, so oft er an dem großen Münster hinauf sah und er
fühlte sich dem Geiste Erwins von Steinbach nahe ver-
wandt; es war ihm stets, als reiche ihm der große Meister
über das Jahrhundert, das sie schied, ermunternd die Hand
zum geistigen Freundesbund und rufe ihm zu: »Blick auf
mein Werk – stärke daran dein Wollen, deine Geduld, deine
Ausdauer! Auch das Unmöglichscheinende lässt sich damit
erreichen, sobald es ein heilig Werk ist, wie das meine, wie
das deine, dem der Segen von Oben nicht fehlt.«

Kaum hatte das Schifflein geltenden das Gutenberg
trug, als er raschen Schrittes dem Tore Straßburgs zueilte,
ebenso ging er durch die krummen und engen Gassen der
Stadt, bis er auf dem kleinen, freien Platze anlangte, wo in
überwältigender Größe der Münster sich erhob. Lange sah
er an ihm auf, prüfte mit liebendem Auge die Schönheit
und das Ebenmaß seiner kolossalen und doch so anmutigen Verhältnisse und trat dann in das Schiff der Kirche.
Die stillen, heiligen Räume dieses Tempels, von aufstre-
benden Pfeilern gestützt und getrennt, das milde Licht in

ihnen, der Schmuck ihrer hohen Wände, so mannigfaltig und doch so einheitlich, so überreich, so willkürlich verschlungen und verbunden, und doch so voll Harmonie, voll tiefer Sinnigkeit, so fest und sicher und dabei so leicht und zierlich, wie alles an dem erhabenen Baue ganz wunderbar vollendet vom Kleinsten bis zum großen Ganzen. Wie hätte es nicht Gutenbergs ernste, tieffühlende Seele bewältigen sollen?

So oft er hier weilte, beugte sich sein Geist in Demut vor Gott, stärkte sich sein Sinn im Anschauen dieses göttlichen Menschenwerkes! – Auch heute sank er an den Stufen eines Altares nieder und betete mit der ganzen Innigkeit seines frommen Gemütes. Frisch gestärkt erhob er sich wieder und voll Mut und Zuversicht schlug er den Weg nach St. Arkobast ein. Freudig begrüßte er das einsame Haus, als die Spitzen seiner Türme hinter dem St. Ulrichshügel sichtbar wurden.

»Mein stilles Asyl«, sprach sein Herz ihm entgegen, »lass mich in dir erreichen, was zu dem hohen Zwecke frommt, dann will ich dankend einst von dir scheiden, und es heimwärts tragen in die liebe Vaterstadt. Dein Sohn, mein goldenes Mainz, bleibt dir treu, auch in der Ferne, selbst wenn du ihn misshandelst. Was ich tue und vollbringe, gedeihe nächst Gott dir zu Ehre und Ruhm.«

Das Tor in der Mauer, die das ehemalige Kloster umschloss, stand gegen die sonstige Gewohnheit weit offen, als wolle man den Ankömmling feierlich empfangen, denn auch der sonst unsaubere Hof zeigte sich heute in schönster Ordnung. Er sah wie frisch gewaschen aus und war aufgeputzt mit einem Blumenbeet, das seine Mitte einnahm. Etwas seitwärts davon, der Mauer entlang, regte es sich lebendig und ein Schnattern, Gackern und Pipern von allerlei Geflügel, das in einem eingezäunten Raume sich befand, ließ sich hören. Zwischendurch girrten Tauben, die zu den Fenstern des ersten Stockwerkes aufflogen, vor denen einige Blumentöpfe und ein hölzerner Vogelbauer mit einer hellschlagenden Wachtel darin gar freundlich herabschauten. Hinter dem Käfig bewegte sich flüchtig ein Frauenkopf hin und her, was jedoch Gutenberg entging, und erst als er die ansprechende Veränderung eine Weile verwundert angestaunt hatte, bemerkte er ein weibliches Wesen, das eben aus der Türe des Hauses trat und dem Blumenbeet nahte. Ihre Blicke begegneten sich, und gleichzeitig verneigten sie sich grüßend gegeneinander. Die Frau oder Jungfrau, was sie sein mochte, sah recht stattlich aus und gehörte, nach ihrer Kleidung zu schließen, den höheren Ständen an. Ein helles, durchsichtiges Tuch hing leicht und zierlich gefaltet über ihren Kopf und bedeckte bis auf die Flechten, welche sich den etwas derb roten Wangen anschlossen, das dunkelbraune Haar. Das knappanliegende Mieder zeichnete die vollen Formen in etwas kecker Weise aus, während es sich über der Brust sittig an ein Goller anschloss, dessen steifer Kragen bis unter das Kinn reichte. Der blaue Rock und die Ärmel waren lang und faltig und ausgeputzt mit gelben Streifen; doch sonst hatte der Anzug keine besonderen Verzierungen, selbst der so beliebte Gürtel mit den goldenen Knöpfen und Schellchen fehlte; ein breites Band, das eine feine, weiße Schürze über den Hüften festhielt, ersetzte ihn, was den Anzug äußerst freundlich und häuslich machte.

Bei dem ersten Gruße zeigte die Frau – sie stand in dem Alter, dass man annehmen konnte, sie sei zu diesem Titel berechtigt – etwas Schüchternes und Verlegenes, das nicht recht zu ihrem Gesichte passte. Als jedoch Gutenberg in gleicher Weise an ihr vorübergehen wollte, warf sie mit einer raschen Bewegung den gesenkten Kopf in die Höhe und fragte, ob er nicht der Junkherr Gutenberg sei, den sein Diener schon so lange sehnlichst erwarte.

»Der bin ich, edle Frau«, gab er kurz zur Antwort.

»Fräulein – wenn ich bitten darf, edler Junkherr«, fiel sie schnell ein. »Anne zu der eisernen Türe genannt – – und Eure Hausgenossin seit einiger Zeit.«

»Wie kommt so ein schmuckes Fräulein an solch abgelegenen Ort?«, erwiderte er höflich, doch etwas verwundert.

»Auf sehr einfache Weise«, plauderte sie fort.

»Seit sechs Jahren schon bin ich eine Waise und lebte seitdem bei einem weitläufigen Verwandten zu Straßburg. Der ist nun aber Vogt zu Lichtenau über dem Rheine drüben geworden, und da ich nicht mit ihm über das breite Wasser ziehen wollte, das mich von der Stadt trennt, zog ich es vor in der Nähe von Straßburg zu bleiben, und da mich, obgleich ich von altem, adeligem Stamme und nicht mittellos bin, doch meine Verhältnisse zu einiger Sparsamkeit zwingen, habe ich mit meiner alten Muhme den billigen Aufenthalt in St. Arkobast dem in Straßburg vorgezogen. Wir leben so in der nächsten Nähe der Stadt, einfach und ungeniert. Habt keine Sorge«, setzte sie eifrig hinzu, als sie bemerkte, dass während ihrer Rede sich Gutenbergs Angesicht etwas verfinsterte – »habt keine Sorge, edler Junkherr, dass wir Euch in Eurem Tun stören werden. Dafür habe ich zu viel Respekt vor der Gelehrsamkeit – und die soll Euch inne wohnen, wie ich höre. Ihr sollt studieren und Kenntnisse von vielen Künsten besitzen, wie weit und breit kein anderer mehr. Meine Gegenwart soll Euch keine Störung bereiten. Ihr werdet in Eurer abgelegenen Stube weder meine Stimme, noch die meiner Vögel oder meines Geflügels hören. Sollte jedoch das eine oder das andere je der Fall sein, so sagt's nur kecklich, und ich werd's zu ändern wissen.«

»Wie gütig Ihr seid, Fräulein Anne zu der eisernen Türe! Ich danke Euch für Eure Willfährigkeit, und hoffe, dass keine Eurer Freuden durch mich gestört werden soll.«

»Wie keine Eurer gelehrten Liebhabereien durch mich. Seid dessen gewiss, und reicht mir die Hand auf friedliche Nachbarschaft!«

»Auf recht gute Nachbarschaft, Fräulein Anne. Gehabt Euch indessen wohl und stört Euch in nichts.«

Er ging seiner Behausung zu. Sie sah ihm mit einem scharfen Blicke nach, der ihrem ziemlich hübschen Gesichte nicht vorteilhaft war; – dann trat sie nachdenklich an den Zaun des kleinen Geflügelhofes, warf den Tieren Brotkrumen zu, und je mehr sich diese darum zerrten, desto mehr ging ihr Nachdenken in ein Vergnügen an ihren gefiederten Zöglingen über.

Nach dieser ersten Begegnung sah Gutenberg seine Nachbarin mehrere Tage nicht wieder, und trotz des günstigen Eindruckes, den sie auf ihn gemacht, vergaß er sie fast gänzlich. Seine geheime Werkstätte nahm ihn so in Anspruch, dass er sich kaum einige Stunden der Ruhe gönnte, denn obgleich er alles so wiederfand, wie er es verlassen, kam es ihm dennoch vor, als stände es weiter denn je hinter seinen Wünschen zurück. Eifriger ging er an die Arbeit, und das Geld, was er mitgebracht, fand in neuen Versuchen und Anschaffungen von Materialien eine schnelle Verwendung, kaum dass ihm nach kurzer Frist noch so viel übrig blieb, um einige teurere, doch ihm sehr förderlich scheinende Gegenstände machen zu lassen. Seine Barschaft war bis auf hundert Gulden zusammengeschmolzen. Diese Summe nahm er nun Und brachte sie Hans Dünne, dem Goldschmied, für Bestellungen von Metallplatten und Stempel. Da es damals weder Stempelschneider noch Schriftgießer gab, musste er bei den fast allein nur in der Gravier- und Ciselierkunst erfahrenen Gold- und Silberarbeitern seine Zuflucht nehmen, und es ist kaum noch einem Zweifel unterworfen, dass er sich von Hans Dünne, dem Straßburger Goldschmied, die ersten Metallplatten und vielleicht auch Buchstabenstempel zu weiteren Versuchen in der Druckkunst anfertigen ließ.

Er musste sie jedoch Hans Dünne teuer bezahlen, da er sich zugleich auch dessen Schweigen erkaufte. Noch hielt er sein Schaffen in der geheimen Werkstätte mit Ängstlichkeit vor jedem Auge verborgen; selbst Lorenz wagte nicht, ihre Schwelle zu überschreiten – nicht viel anders machte er es auch mit denjenigen Arbeiten, die ihm als Erwerbsmittel dienten. Er betrieb sie zwar nicht gerade als ein Geheimnis, ließ jedoch nur selten jemand genauere Einsicht davon nehmen.

Seine Geschicklichkeit im Steineschneiden und Schleifen und Spiegelpolieren war um diese Zeit in Straßburg berühmt, und er würde leicht viel Geld damit verdient haben, wenn er seine Zeit allein darauf verwendet hätte. Allein er betrieb diese einträglichen Künste nur so viel, als zu seinem Lebensunterhalt durchaus erforderlich war, und sobald er nur die kleinste Summe beisammen hatte, brachte ihn nichts aus seiner geheimen Werkstätte heraus, bis diese wieder zu Ende ging. Sein Leben in St. Arkobast wurde ihm, wie seine Hausgenossin es versprochen hatte, in nichts durch sie unangenehm gestört. Im Gegenteile, ihre Nähe brachte mehr Wohnlichkeit in das große Gebäude: ein häusliches Etwas, das Gutenberg heimatlich ansprach, und öfter als er sonst getan, kam er in den Hofraum herab, der durch Annens Anordnungen eine so ansprechende Umwandlung erlitten hatte. Oft stand er plaudernd neben ihr, wenn sie die Blumen begoss und gedachte dabei der Mutter und des verwilderten Gärtleins im Hofe zum Gutenberg, der so nötig eines heiteren Sinnes und einer sorgenden Hand bedurft hätte. Und immer angenehmer klang ihm Annens etwas raue Stimme, wenn sie mit dem Geflügel scherzte oder die Tauben liebkoste. Es war etwas Rühriges, Kräftiges in ihrem Wesen, das Gutenberg bestach und ihn die ihr mangelnde

Bescheidenheit und Sanftmut übersehen ließ. Auch suchte Anne in seiner Gegenwart sich immer im besten Lichte zu zeigen und wusste selbst Lorenz so damit zu blenden, dass gar bald in des treuherzigen Dieners Seele der Gedanke aufging: sein unpraktischer Herr könnte keine bessere Frau finden als das Fräulein zur eisernen Türe. Dass sie ihm wohlwolle, blieb Lorenz kein Zweifel, da Anne es vor ihm nicht zu verbergen suchte; und er, um sie recht fest darin zu bestärken, erzählte ihr viel von Gutenbergs Familienverhältnissen in Mainz, die er freilich allzusehr zum Vorteile seines Herrn schilderte, indem er den Reichtum seiner Vettern und Basen auch auf ihn übertrug.

Nachdem Anne eines Tages den Erzählungen des gesprächigen Lorenz lange zugehört hatte, sagte sie zu ihrer Muhme, einer uralten Jungfrau:

»Base Bärbel, mein Plan war ein guter, der uns hier einziehen hieß. Der Junkherr, der mir schon zu Straßburg in die Augen stach, wenn er an unserer Wohnung vorüber ging, ist nicht nur stattlich von Person und besitzt Kenntnisse in vielen Dingen, die zu Reichtum und Ansehen führen können, er ist auch wohlhabend von Haus aus. Seine Familie ist eine der ersten in Mainz, der güldenen Stadt, wie man sie nennt. Seine Mutter, eine Frau in hohen Jahren, wohnt in einem großen Hause, dem Hofe zum Gutenberg, das sein Eigentum wird, sobald sie das Auge schließt. Dass es jetzt mitunter recht knapp und kurz bei ihm steht, liegt nur daran, weil er zu viel in geheimen Arbeiten verbraucht, die ihm jedoch einst, wie Lorenz behauptet, großen Reichtum bringen würden, größeren, als selbst Grafen und Herren besäßen. Drum, Bärbel, denke ich, ich riskiere nicht viel, wenn ich meinen Plan schnell ins Werk setze, gegen ihn tue, als ob ich an seine Armut glaubte und ihm nur aus Liebe meine Hand reichte. Er ist von edlem Sinne, das wird ihn rühren – und ich werde endlich an das heiß ersehnte

Ziel aller Jungfrauen kommen, welche die Dreißige überschritten haben – und werde auch noch, was ich im Stillen längst aufgegeben, eine Frau von adeligem Stande, dem ich doch nur ungern um einer Heirat willen entsagt hätte.«

»Hättest doch auch einen aus dem Bürgerhause der Dritzehn genommen, und es kostete dich Tränen, als der Klaus, der älteste von den Brüdern, dem Georg den Gedanken einer Heirat mit dir aus dem Sinne redete«, entgegnete die alte Base.

»Bin dem Georg immer noch gut, Bärbel«, entgegnete Anne. »Und wäre er reicher und vornehmeren Standes gewesen, ich hätte ihn nicht so leichten Kaufes losgelassen und wäre trotz Klaus und seiner ganzen Sippschaft, der das arme, hochmütige Fräulein, die Letzte vom Stamme zur eisernen Türe, nicht anstand, Frau Dritzehn geworden. Es ist gut jetzt, dass ich stolz und Georg schwach war, denn der ernste Gelehrte aus dem vornehmen Hause in Mainz ist mir zu einer Heirat jedenfalls lieber als der Straßburger Zunftgenosse.«

»Aber will er dich denn auch zum Weibe, Ennel?«, wandte die Alte zweifelnd ein.

»Das wird schon kommen; – verlasse dich darauf, Base. Wie wäre es auch anders möglich an so einsamem Orte, wenn man täglich zusammenkommt und vertraulich mit einander plaudert. Ihm fehlt ein Weib, das ihn und seinen Haushalt lenkt. Dazu bin ich wie geschaffen, – hab's gerne, wenn alles nach meinem Kopfe geht; – und der rechte Augenblick wird schon kommen, wo er begreifen soll, dass wir zueinander passen.«

»Gebe Gott seinen Segen dazu!«, murmelte Bärbel mit einem Seufzer.

»Nur an dem rechten Augenblick fehlt's, Base; das andere findet sich schon von selbst«, entgegnete Anne mit einigem Spott.

»Du bist nicht fromm und tugendsam, Ennel, wie es sein sollte; – wirst darum auch kein Glück haben«; warnte die Alte.

»Was kümmert's dich? – Das ist meine Sorge«, entgegnete Anne hart und drehte mit verächtlichem Blicke der grauen Base den Rücken, indem sie die Türe unsanft hinter sich zuschlug.

Im Hofe traf sie Gutenberg. Es war Abend, – er suchte Erholung in der frischen Luft und Annens Geplauder, das ihn erheiterte. Sie wusste ihm immer so viel zu erzählen, als ob das Leben in St. Arkobast das unterhaltendste von der Welt wäre. Sie sprach mit aller Wichtigkeit von ihrem Haushalte, – den täglichen Bedürfnissen desselben und wie man dies und jenes einrichten müsse, um ganz angenehm an so einsamem Orte sich zu fühlen, – und wie sie nicht begreife, dass er so alle kleinen Lebensannehmlichkeiten verschmähe. – Sie bedauerte ihn mit herzlichen Worten und heute ließ sie nicht nach, bis er ihr zu der alten Base hinauf folgte, um das Abendbrot mit ihnen zu genießen. Es war das erste Mal, dass er in ihre Stube trat; die Nettigkeit und Reinlichkeit darin überraschte ihn angenehm und erinnerte ihn an die Stube seiner Mutter, – Anne stieg dadurch bedeutend in seiner Achtung und die Teilnahme, die sie ihm bezeugte, rief die seine für sie hervor. So ging der Abend unter allerlei Geplauder schnell und angenehm vorüber.

Als er »gute Nacht« gewünscht, sagte Anne zu ihrer Base:

»Nun, zweifelst du noch am Gelingen meines Planes?«

Und Lorenz, der seinen Herrn im Hofe erwartete, rieb sich vergnügt die Hände und dachte bei sich: nun werden bald freundlichere Tage in dem alten Eulenneste einkehren. Das Fräulein zur eisernen Türe wird schon den rechten Wegweiser auf meines Herrn Lebensweg setzen, den er doch sonst nimmermehr entdecken würde.

Anne ging von diesem Abend an ganz entschieden auf das Ziel zu, das sie sich gesteckt, und mischte sich in kluger Weise in Gutenbergs Leben praktisch ein, indem sie ihm zunächst vorstellte, wie nachteilig seine Absonderung von der Welt und den Menschen für ihn sowohl als auch für seine Beschäftigungen wäre, welcher Art diese auch sein möchten; – und nachdem sie mit Georg Dritzehn, der noch immer mit ihr in freundschaftlicher Verbindung stand, eine geheime Rücksprache genommen, machte sie Gutenberg mit diesem und auch mit seinem Bruder Andreas bekannt, einem angesehenen und wohlhabenden Bürger von Straßburg, den schon lange die Arbeiten des einsamen Bewohners von St. Arkobast interessierten. Er schloss sich auch sogleich in zuvorkommender Weise an Gutenberg an, und es gelang seinem zutunlichen Wesen, sich ihm angenehm zu machen. Nachdem sie einige Zeit freundlich mit einander verkehrt hatten, bat ihn Andreas, ihn gegen eine bestimmte Summe Geldes Steine schleifen und Spiegel machen zu lehren. Da Gutenbergs Barschaft gänzlich zu Ende war, ging er darauf ein und Andreas kam von da an fast täglich nach St. Arkobast. Mit dem Opfer seiner Zeit erkaufte sich Gutenberg wieder einige Mittel für seine geheimen Arbeiten.

Was Andreas in St. Arkobast lernte, übte er in seinem Hause in Straßburg und gewann bald so große Liebhaberei daran, dass er einen bedeutenden Teil seines Vermögens darauf verwendete. Wie Anne sah, dass schon dieser Teil von Gutenbergs Kenntnissen in Andreas Dritzehn große Gewinnhoffnungen erregte, wurde ihr Glaube an die Wichtigkeit dessen, was er im Geheimen betrieb, immer fester, und sie zweifelte kaum noch, dass Schätze auf Schätze aus der geheimen Kammer hervorgehen würden, sobald sie nur einem praktischeren Sinne als dem Gutenbergs zugänglich wäre. Allein so spähend sie auch um dieses Geheimnis herumging, es offenbarte sich ihr in nichts, und sie kam zu der Überzeugung, dass sie hier nur dann eindringen könne, wenn sie sich Gutenberg ganz und für immer verbunden.

Damit dies bald geschähe, suchte sie sich ihm auf alle Weise unentbehrlich zu machen und nahm zu diesem Zwecke seine häuslichen Angelegenheiten, wie tausenderlei kleine, tägliche Bedürfnisse von ihm unter ihre spezielle freundschaftliche Fürsorge; verpflichtete ihn sich so zu Dank und gewohnte ihn an immer häufigeren Umgang mit ihr. Allein so naheliegende Momente sie auch herbeizuführen wusste, überschritt er doch nie die Grenze freundschaftlichen Verkehrs. Selbst wenn zuweilen der Wunsch seiner Mutter und die Zusage, die er ihr gegeben, ihm einfielen und er dann versuchte, sich glauben zu machen, dass Gott die Hausgenossin an den einsamen Ort gesandt, damit er das der Mutter gegebene Versprechen halten könne, ward es ihm doch nicht möglich, in den vertraulichsten Stunden bei Annen dieser Eingebung zu folgen. Eine gewisse Furcht, eine unüberwindliche Scheu hielt ihn stets von diesem entscheidenden Lebensschritte zurück, trotz allen Einwänden einer vernünftigen Überlegung, zu der ihn Annens häusliches Schalten und Walten mitunter verleitete.

Damals, als ihn ein jugendliches, natürliches Verlangen zu Angela hinzog, sagte er sich, dass Liebesglück auf die ernste Bahn seines Lebens nicht gehöre, und er entsagte selbst in dem Momente, wo er sich geliebt glaubte. Zu Annen zog ihn weder Liebe noch sinnliches Verlangen hin, es war nur die Sehnsucht nach einer geordneten Häuslichkeit, die den einsamen, älter werdenden Mann zuweilen beschlich, wenn er Anne mit ihrer häuslichen Rührigkeit um sich her schalten und walten sah, und der Gedanke, der lieben Mutter durch Erfüllung ihres Wunsches noch eine recht große Freude vor ihrem Grabesgange zu machen.

Allein ungeachtet diesem allen wäre es doch wohl schwerlich zu einer Verbindung fürs Leben mit Annen gekommen, wenn nicht eines jener Ereignisse, die oft plötzlich die Handlungen der Menschen bestimmen, hinzugetreten wäre. Annens Base, ihre letzte liebe Stütze im Leben, wie sie die gebrechliche, alte Jungfrau bei Gutenberg nannte, wurde schwer krank. In diesen Tagen des Leidens nun suchte Anne Trost und Hilfe bei dem befreundeten Hausgenossen – und nicht vergebens. Sein gutes Herz führte ihn oft zu ihr, und ihr Leid brachte das ihre ihm näher. Als endlich nach einer langen, bangen Nacht die Kranke verschied, zeigte Anne mit allen Zeichen der Trostlosigkeit die Leiche dem Freund und rief klagend aus:

»Nun habe ich niemand mehr auf der Welt, der mich liebt, bei dem ich, die einsame Verlassene, die Letzte eines dahingegangenen edlen Stammes, fürder weilen kann. Nur das Kloster bleibt mir noch übrig; und – ach – ich fürchte mich vor dem Kloster, denn rege Tätigkeit ist mein Lebenselement.«

Ihre Tränen, ihre Klagen rissen Gutenberg in edlem Mitleid hin, und er bot ihr seine Hand zur Stütze an, wenn sie sein beschwerliches Leben teilen wolle.

Endlich am Ziele ihrer Wünsche verließ Anne ihre seitherige Klugheit, und ungestüm warf sie sich in seine Arme und rief:

»Ach, welch ein Glück schickt mir der Himmel in meinem größten Leid! Denn wisst, mein Auge hing schon lange an Euch, und Euer Weib zu werden, war mein sehnlichster Wunsch!«

Dieses voreilige Geständnis machte Gutenbergs Inneres erbeben. Er empfand dabei mit einem Male, und empfand es recht schwer, welche bedeutungsvolle Verpflichtungen er Annen gegenüber auf sich genommen, – Verpflichtungen, zu deren Übernahme weder Vernunftgründe noch Mitleid ausreichen wollten. Doch Anne hatte sein Wort, und er dachte nicht daran, es zu brechen, aber unruhiger und unsicherer fühlte er sich und suchte in angestrengter Arbeit dies zu überwinden. Anne, ihrer Sache sicher, entwickelte mit einem Male eine unangenehme Lebendigkeit und drängte sich in alle Angelegenheiten Gutenbergs ganz entschieden ein, als ein Recht, das ihr zustand. Die Verlobte, die sich häufig selbst in zänkischer Weise in sein Tun und Lassen einmischte, – wurde ihm bald lästig, mitunter in einem Grade, dass ihn der Gedanke an eine unauflösbare Verbindung mit wahrem Grauen erfüllte.

Allein was half dies nun? Er hatte ihr ein Eheversprechen gegeben – und sie hielt fest daran und drängte ihn, es zu erfüllen. Sein Zögern damit, sein Hinausschieben, die nötigen Schritte dazu in seiner Heimat zu tun, verdross sie endlich so sehr, dass ihr heftiges Temperament ihre Klugheit überstürzte und es zu schlimmen Szenen zwischen ihnen kam. In einer solchen nahm Gutenberg sein Versprechen zurück und war von diesem Augenblick an für Anne nicht mehr zugänglich.

Vergebens suchte sie ihm wieder zu nahen und sich mit ihm zu versöhnen. Lorenz, dessen gute Meinung von ihr seit sie seines Herrn Verlobte war einen gewaltigen Stoß erlitten hatte, versperrte ihr jeden Weg zu ihm. Im höchsten Grade dadurch erbost und durch den Widerspruch zu einer gewissen Liebesleidenschaft für ihren Verlobten entflammt, schwor sie, das bindende Wort ihm nicht zu erlassen und schied von St. Arkobast, um eine Klage gegen ihn wegen gebrochenen Eheversprechens bei dem bischöflichen Richter in Straßburg einzureichen.

Gutenberg wurde vorgeladen, und da er die Tatsache nicht leugnete, wurde ihm nach damaligem Gesetz und Recht zuerkannt, dass er Anne zur eisernen Türe ehelichen müsse. Er betrachtete dies Urteil als eine gerechte Strafe und fügte sich geduldig in das Unvermeidliche, führte nach kurzer Zeit Anne zum Altare, knüpfte jedoch die Bedingung daran, dass sie einem ferneren Aufenthalte in St. Arkobast sich in keiner Weise widersetzen, noch sich in seine geschäftlichen Verhältnisse einmischen dürfe. Im Übrigen sollten ihr, als Herrin des Hauses, ihre Rechte zukommen, und er wolle redlich seinen Verdienst mit ihr teilen.

So wurde das Band geschlossen, das Gutenberg mit Anne zur eisernen Türe verknüpfte – eine schwere Zugabe zu seinen sorgenvollen Tagen in Straßburg, ein trüber Schatten auf sein ganzes Leben. Statt nach den Mühen des Tages eine häusliche Behaglichkeit zu finden, schaltete und waltete ein böses Weib um ihn, deren bessere Eigenschaften in dem Grolle, ihre Erwartungen getäuscht zu sehen, zwar nicht gerade untergingen, aber sich doch nur in sehr unansprechender Art noch zeigten. Herrisch handhabte sie die Ordnung des Haushaltes und mit Härte bestand sie auf den nötigen Mitteln dazu. Gutenbergs ganzer Verdienst wollte oft nicht dafür hinreichen und nur schwer und unter Zank und Streit ward es ihm noch möglich, für seine geheimen Arbeiten etwas zu erübrigen. Dann auch geizte und keifte sie mit ihm um die Zeit, die er darauf verwandte, und die er, wie sie meinte, besser benutzen könnte. Kehrte er sich nicht daran, verfolgte sie ihn oft selbst bis an sein verschlossenes Heiligtum, pochte um Einlass an und verlangte zu sehen, was er hier treibe.

Da saß er denn oft mit bitteren Tränen des Schmerzes und Ingrimmes in seiner Werkstätte – nicht Rat noch Hilfe findend. Sanfte Vorstellungen fruchteten so wenig bei Anne als strenge Worte – und Gewalt an einem Weibe zu üben, das seinen Namen trug, war seiner edlen Natur nicht möglich. Trostlos, gebrochen, starrte er nach solch schweren Stunden seine Arbeiten an, in die ein völliger Stillstand zu kommen drohte. Jetzt ein Stillstand – nach einem so großen Schritte vorwärts!

Vor ihm stand eine kleine Presse, die er in langen und mühsamen Tagen und Nächten angefertigt hatte. Wohl war sie noch unvollkommen, noch gar viele Mängel an ihr wahrzunehmen, – aber doch endlich eine vielversprechende Idee durch sie in reeller Gestalt erprobt. Wie viel leichter und schneller musste mit ihrer Hilfe der Druck gehen, als mit einem Reiber; – und dann ließen sich mittelst einer Presse die Blätter auf beiden Seiten bedrucken. Welch ein Vorteil für den Druck eines Buches! – Die schwerfälligen Holztafeln freilich wollten sich noch immer nicht durch etwas Genügenderes ersetzen lassen; und immer versuchte er wieder aufs Neue, sie zu verbessern, und machte auch Druckversuche mit Metallplatten.

Er besaß jetzt eine ziemliche Anzahl Tafeln mit hübsch eingeschnittenen Bildern und Textesworten – allein sie gaben erst ein paar kleine Büchlein – und was konnten diese, selbst vertausendfältigt, der Welt nützen? – – Er nahm eines der fertigen Büchlein zur Hand, doch so hübsch es auch in allen seinen Teilen gelungen war, ihn konnte es nicht erfreuen.

»Immer nur ein unzureichender Anfang!«, klagte er. »Was frommt der Welt ein Buch, und wäre es viel, viel umfangreicher als dieses hier – und wer vermöchte, alle Weisheit, die ihr Not tut, in Tafeln von Holz oder Metall einzuschneiden! – Das ist unmöglich. – Der Tafeldruck, noch so vervollkommnet, wird nimmermehr ausreichen und stets eine kleine unbedeutende Sache bleiben, – für jeden Briefdrucker recht, der Gewinn daraus zu ziehen versteht – nicht aber für den Geist, der mehr will, der die ganze Welt damit beglücken möchte und seine ganze Kraft freudig daran setzte. O, so viele lange Jahre sind mir nun schon dahingegangen, – und noch immer nichts erreicht, nichts! –

Gestehe es dir nur offen, Johannes Gutenberg, so kommst du nicht ans Ziel mit allen deinen Mühen – so nicht.«

Er versank in Nachdenken und nach einer Weile drang es in leisen, dann immer lauteren Tönen aus seiner Brust:

»Stäbe mit eingegrabenen Sätzen oder Worten wären besser, – man könnte Tafeln damit bilden – verschiedene Tafeln, denn sie ließen sich versetzen – aber wie ihnen Festigkeit geben? – Denn fest müssten sie zusammenhalten – sehr fest – und ganz gleichmäßig müssten sie sein – dann ginge es. – Doch ganz gleichlautende Sätze wiederholen sich nicht oft in einem Buche. Worte, Worte nur wären zweckmäßiger, – aus Worten könnte man Sätze bilden – wie man aus Buchstaben Worte – ah – mein Gott – ja ja – das kleine Alphabet enthält die ganze Sprache – die ganze, reiche Sprache – fünfundzwanzig Ziffern! – Allmächtiger, es will tagen in mir! – Licht! – Luft!« Er fasste mit beiden Händen an sein Haupt und fast atemlos fuhr er fort: »Endlich, endlich finde ich den rechten Faden aus diesem Labyrinthe! – Das Alphabet tausendmal und abertausendmal vervielfältigt – die einzelnen Buchstaben zu Worten zusammengesetzt, – die Worte zu Sätzen, und so fort, diesen, jenen Gedanken – alles – alles – zuerst eine Seite – ein Bogen – hundert-, tausendmal abgedruckt – und dann weiter – immer weiter – ein ganzes Buch voll – tausend Bücher. O, mein Gott! So, ja nur so kann er gelingen zum Heile der Welt – **der Druck mit beweglichen Lettern!**«

Auf die Knie fallend und die kleine Presse umfassend blickte sein Auge in begeisterter Andacht aufwärts – doch Worte zum Beten fand er nicht. Was sein Herz bewegte, seine Seele durchjauchzte, alles war ja Gebet, Preis und Dank, war das unaussprechliche Gefühl einer Menschenbrust, die von der höchsten Befriedigung und der heiligsten Demut zugleich durchdrungen ist. In Freudentränen löste sich nach und nach die hehre Seelenstimmung; – und

144

Gutenbergs Hand griff wieder zur Arbeit – griff nach einer Holztafel voll Chiffern und zerschlug sie in zitternder Hast in kleine Teile, dann schnitt er bedächtiger einzelne Buchstaben heraus und betrachtete sie mit unendlicher Liebe und Freude. Der eben erst gebotene Gedanke voll großer Zukunft ließ keine Befürchtung, keine Sorge zu, und alle Schwierigkeiten, die sich ihm noch Jahre lang entgegenstellten, umstanden seine Wiege nur wie die Sorgen und Schmerzen des Lebens ein schlummerndes Kind, das frisch gestärkt nach langem Schlummer erwacht.

Vertieft in die neue schwierige Arbeit, bemerkte er nicht, wie Stunde um Stunde verrann, bis sich der Tag zu Ende neigte. Da erst blickte er von seiner Arbeit auf, doch nur, um eine Leuchte anzuzünden, denn noch konnte er sich nicht davon losreißen; – und emsig begann er wieder zu schnitzeln, als ihn ein harter Schlag an die Türe und Annens Stimme aufschreckte, welche draußen rief:

»Schnell aufgemacht – oder ich brauche Gewalt!«

Und kaum war dies ausgesprochen, als auch schon die Türe hereinbrach und Anne mit einem älteren Manne darunter erschien. Ihr rundes Auge funkelte gierig durch den wenig erhellten Raum, dann sprach sie rau:

»Endlich werde ich erfahren, was du hier treibst und welche Schätze du so geheimnisvoll hier anhäufst. Gewaltsam muss ich mir mein Recht verschaffen, und den einzigen Verwandten, der mir noch lebt, zu Hilfe rufen.«

Gutenberg hatte sich bei dem gewaltsamen Einbruche hoch emporgerichtet und vor die kleine Presse gestellt, indem er schnell die einzelnen Stückchen der zerschlagenen Holztafel in ihr verbarg. Ein strafender Blick traf sein Weib, ein verächtlicher ihren Begleiter, doch zu Worten ließ ihn Anne nicht gleich kommen.

»Wie sieht es hier aus!«, zankte sie fort. »Eine Spelunke voll alten Krams ist besser noch als dieses wüste

Durcheinander. Ist denn gar nichts zu finden, was mein Auge erfreut und dein ewiges Hiersitzen rechtfertigt? Sind das die kostbaren Schätze, von denen mir Lorenz einst vorfaselte?«

Sie stieß verächtlich mit dem Fuße an einen Gegenstand, der ihr im Wege lag, – da aber legte Gutenberg seine Hand mit so hartem Drucke auf ihre Schulter, dass sie darunter sich beugte, und er sagte dumpf, doch durchdringend:

»Nicht weiter, Weib – zwinge mich nicht, Hand an dich zu legen und an deinen Begleiter, – ihr könntet sonst zu dieser gewaltsam erbrochenen Türe hinauskommen, dass Eure Neugierde für immer zu Ende wäre.«

»Nu, nu, Vetter Gutenberg, seid nicht so unwirsch!«, beschwichtigte etwas ängstlich Annens Begleiter. »Sind wir doch Verwandte. – Was schadet's Euch, dass ich hier eintrat? Und Eurem Weibe müsst Ihr schon etwas zugutehalten; tut Ihr doch auch nicht an ihr, wie's Recht ist. Sie lebt in Not und glaubte, Euch hier zwischen Goldhaufen zu finden – was Wunder, dass sie einzudringen verlangte und mich, ihren einzigen Verwandten, zu Hilfe rief. Ich hielt es gewissermaßen für eine verwandtschaftliche Pflicht, ihr beizustehen, – schlimme Absicht hatte ich nicht dabei – das könnt Ihr mir glauben, Vetter Gutenberg. Es scheint mir übrigens auch nicht, als wenn Ihr hier Schätze sammelt?«

»Wahrlich nicht!«, mischte sich Anne ein, kaum fähig, ihren Ingrimm zu meistern. »Nichts ist hier, als was ihn Geld kostet und keins einbringt. So unnütz vergeudest du deine Zeit, Johann, und fürchtest dich nicht der Sünde? Statt dass du Spiegel machst und Steine schleißt, was doch etwas einträge, sitzest du Tag und Nacht hier und treibst geheime Künste, die niemand versteht und die nichts nützen. Oder kannst du es anders sagen, so rede.«

Gutenberg würdigte sie keiner Antwort. Mit verschränkten Armen stand er an seine Presse gelehnt, ruhig, totenbleich; – nur sein Auge funkelte lebhaft und verfolgte jede Bewegung Annens und ihres Begleiters.

Hans Riffe, der Vogt von Lichtenau, der mehr nur einer unwiderstehlichen Neugierde gefolgt war, die Anne in ihm zu erregen gewusst, als irgendeinem schlimmen Begehren, fühlte einige Beklommenheit und sah sein Unrecht ein; drum suchte er auch den Beleidigten zu versöhnen und brachte allerlei Entschuldigungsgründe hervor. Da Gutenberg ihn als einen braven aber etwas schwachen Mann kannte, war ihm Annens ganze Schuld bald klar, allein eine schlimme Szene mit ihr lag nicht in seiner jetzigen Stimmung und er schickte sich eben an, beide mit kurzen Worten hinauszuweisen, als Hans Riffe, eines der fertigen Büchlein erblickend, es rasch in die Hand nahm und mit sichtlicher großer Bewunderung anstarrte. Gutenbergs erste Bewegung war, es ihm zu entreißen, doch er besann sich schnell eines anderen und beobachtete den Vogt, dessen Gesichtsausdruck sich ungemein erheiterte.

»Habt Ihr das gemacht, Vetter Gutenberg?«, fragte er voll Erstaunen.

»Ja«, war die kurze Antwort.

»Nun dann«, wandte er sich zu Anne, »hat er seine Zeit nicht unnütz vergeudet, wenn er gleich nicht ein Goldmacher ist, wie du glaubtest. Das da ist auch Geldes wert.«

»Schwatzt nicht solchen Unsinn, Vetter«, murrte Anne.

»Unsinn? Ei sieh doch! Was verstehst denn du davon?«

»Wohl mehr als Ihr.«

»Schwerlich, Base. Und jetzt schweige und habe Respekt vor mir und deinem Eheherrn.«

Sie drehte sich unwillig um, er aber wandte sich wieder zu Gutenberg und fragte abermals:

»Habt Ihr wirklich das gemacht – ganz allein, so wie's da ist, fix und fertig?«

»Ich hab's Euch gesagt.«

»Dann seid Ihr ein geschickter Mann, und allen Respekt vor Euch, Vetter Gutenberg. Euer Weib soll nicht mehr kommen und Klage führen über Euch – ich wollt's ihr vertreiben – Gott verdamme mich, – doch davon ein andermal. Sagt mir nur noch das eine: weshalb haltet Ihr diese Kunst so geheim und macht nicht Geschäfte damit? Ich versichere Euch, Ihr könntet viel Geld dabei gewinnen, denn dieses Büchlein da ist tausendmal schöner, als es jene waren, die ein niederländischer Händler auf der Kölner Messe zum Verkauf ausbot für teuren Preis.«

»Ein niederländischer Händler?«, fragte Gutenberg mit schnell erwachtem Interesse, das seinen Ärger niederkämpfte. »Was wisst Ihr davon? Sprecht, Vogt Riffe, sagt es mir.«

»Nun, ich war gerade zu Köln in Geschäften – es ist etwa ein halbes Jahr her – und sah mir dabei die Messe an, die eben abgehalten wurde, da drängte alles an eine Bude. Ich drückte mich auch hindurch und sah einen Tisch voll Heiligtumsbüchlein und Bilder, das Leiden Christi darstellend und die Taten der Heiligen; – Gott Vater auf seinem Throne, Petrus mit dem Schlüssel und die heilige Jungfrau mit dem Christuskindlein. Ich hatte noch nie dergleichen gesehen und blieb lange an der Bude stehen. Gern hätte ich meinem Weib so ein Büchlein mitgebracht, aber der Preis war mir zu hoch. Der Niederländer verlangte ein schönes Stück Geld dafür und doch waren seine Büchlein lange nicht so zierlich und fein wie das Eure, Vetter Gutenberg.«

»Nicht? So –, doch sprecht, habt Ihr den Namen des Meisters nicht erfahren, der sie gemacht?«, fragte Gutenberg mit steigendem Interesse.

»Ja, doch – wartet einen Augenblick, ich besinne mich vielleicht wieder darauf. Der Niederländer rief anpreisend aus: ›Nur zu!‹, schrie er, ›kauft, ihr lieben Leute, kauft Heiligtumsbüchlein und schöne Bilder, gemacht von –‹«

»Lorenz dem Küster in Haarlem?«, fiel Gutenberg in höchster Spannung ein.

»Richtig. Ihr habt's getroffen, Vetter, Ja, ja, Lorenz Köster, so lautete, wie ich glaube, der Name.«

Das reinliche Haus in Haarlem, mit Meister Lorenz und seinen Gesellen und der bleichen Marianne stand lebhaft, wie lange nicht mehr, vor Gutenbergs innerem Auge. Alles tauchte wieder vor ihm auf. – Er fragte nach dieser und jener Eigenschaft der Büchlein und Bilder; doch darüber wusste der Vogt ihm wenig Auskunft zu geben. Er kam statt aller weiteren Auseinandersetzung immer wieder darauf zurück, dass Gutenbergs Machwerk viel wertvoller sei als jene Büchlein, die er auf der Kölner Messe gesehen.

Diese Versicherung hätte einige Stunden früher Gutenberg schwerlich zufriedengestellt, denn der Gedanke an Meister Lorenz und sein Schaffen rief zuweilen in gedrückten Stunden eine ängstliche Stimmung in ihm hervor: die Befürchtung, der Küster Haarlem werde am Ende mit seinen Arbeiten der Welt noch Besseres bieten, als ihm je möglich sei; und die Kunde des Vogts, dass die Erzeugnisse seiner Kunst schon auf den deutschen Messen verkauft würden, hätte ihn ohne Zweifel darin bestärkt, wenn der neue große Schöpfungsgedanke noch nicht in ihm wach geworden wäre. So aber erschien ihm mit einem Male alles, was er seither selbst getan und was die Briefdrucker aller Orten zu Wege brachten und bringen konnten, klein und unbedeutend und es war mehr das persönliche Interesse, was er an dem Hause des Küsters nahm, das ihn zu seinen Fragen veranlasste, als die Wissbegierde, wie weit der Haarlemer Meister in der Kunst des Tafeldruckes wohl gekommen sein möge.

Hans Riffe, der mit Befriedigung wahrnahm, dass Gutenbergs Groll hinschwand, wurde immer freundlicher, gesprächiger, und kam darauf zurück, dass er Geschäfte mit seinen Büchlein machen solle.

»Wie wär's, Vetter«, redete er ihm vertraulich zu, »wenn Ihr eine bestimmte Anzahl Heiligtumsbüchlein machen würdet zur Aachner Wallfahrtsmesse; dort ließen sich gewiss gute Geschäfte damit machen, besonders da Eure Büchlein die des Niederländers übertreffen. Ihr könntet sie im Preise hochhalten – das gäbe Gold und Ehre.«

»Zu solchem Unternehmen, Herr Vogt«, entgegnete Gutenberg, »gehört mehr Geld, als ich besitze, und Zeit, viele Zeit und eben so viel nötiges und teures Material, – dann die Reise. Bedenkt, so etwas ist leichter gesagt als getan.«

»Nun«, meinte der Vogt, »wenn Ihr nur Lust dazu hättet, das Übrige fände sich schon. Ich selbst schösse gern ein Kapitälchen dazu – für Gewinnanteil, versteht sich. Lasst es uns überlegen bei einem Becher Wein. Geh hinauf, Base«, wandte er sich zu Anne, »und bereite ein gutes Mahl – dann trinken wir dabei auf Versöhnung und gute Geschäfte.«

Gutenberg zog die Brauen finster zusammen, doch Hans Riffe achtete nicht daraus und setzte ihm alle Vorteile eines solchen Unternehmens auseinander: wie er leicht dadurch ein wohlhabender Mann werden könne und dergleichen mehr. Gutenberg fing an zu überlegen. Vor allem, das sah er ein, musste er fürs Brot arbeiten und konnte erst, wenn er für einige Zeit dafür gesorgt hatte, mit Ruhe der neuen Idee des Druckes nachhängen. Wie schwer fiel es ihm auf die Seele, nicht allsogleich mit ungeteilter Kraft dies tun zu können. Die Unmöglichkeit stand plötzlich wie ein böser Geist vor ihm und traurig blickte er auf seine Presse.

»Nehmt's nicht so schwer«, ermunterte der Vogt. »Ich kann schon einige hundert Gulden dran setzen – und bei Gott, ich will's. Die Sache leuchtet mir ein. Schlagt ein, Vetter, auf gemeinschaftliche Geschäfte – und dass Ihr sehet, wie gut ich es mit Euch meine, sollen Euch zwei und mir nur ein Teil des Gewinnes gesichert werden. Kommt, lasst uns die zerbrochene Türe wieder herrichten und dann hinaufgehen in Eure Stube. Da stipulieren wir die Sache, und bald wird Eure ganze Häuslichkeit ein anderes Ansehen gewinnen.«

Daran dachte Gutenberg nicht, aber er dachte an die Mittel, die ihm dadurch werden konnten, dann wieder lange Zeit ungestört seinen geheimen Arbeiten zu leben. Er ging nach einigem Überlegen auf den Vorschlag des Vogts ein und es wurde eine Übereinkunft zwischen ihnen geschlossen, die auch Geheimhaltung der Sache bedingte. – Allein Anne konnte nicht schweigen und Andreas Dritzehn, der fast täglich nach St. Arkobast kam, wurde von ihr unterrichtet und drängte sich alsbald als Dritter in diesen Bund ein. Da Gutenberg jedoch dafür hundertundsechzig Gulden verlangte, schlug er noch einen Teilnehmer dazu vor, Anton Heilmann aus Straßburg. Riffe gab sogleich seine Zustimmung dazu, da er gern das Geschäft erweitert sah ohne sein alleiniges Risiko. Gutenberg gab auch hierin nach und so bestand jetzt die Gesellschaft aus vier Teilnehmern. Dadurch kam mehr Lebendigkeit in das einsame Haus, was Anne angenehm war, Gutenberg dagegen oft sehr lästig wurde; aber er behielt doch die stillen Nächte für sich und konnte mit mehr Ruhe an die Zukunft denken, denn er bezweifelte nicht, dass mit den Heiligtumsbüchlein auf der vielbesuchten Wallfahrtsmesse zu Aachen sich einträgliche Geschäfte machen ließen.

Was Gutenberg mit seinen Genossen gemeinschaftlich betrieb, das Steine schleifen und schneiden und Spiegel machen, wie auch unwichtigere Nebenarbeiten zu dem Heiligtumsbüchlein, geschah in einer Stube dicht neben seiner Wohnung. Seine geheime Werkstätte blieb verschlossen; er gab vor, dort die Blätter zu drucken, ein

Geschäft, bei dem er nicht gestört sein wolle, und sonst weiter nichts zu treiben. Allein Anne glaubte ihm nicht, da er ganze Nächte in dieser Werkstätte verbrachte, und machte Dritzehn und Heilmann, welche sich weit eifriger als Riffe mit der ganzen Angelegenheit beschäftigten, gegen ihren Mann misstrauisch. Doch Gutenberg verwies ganz entschieden ihr Begehren, auch den Druck zu erlernen, auf eine spätere Zeit, wo die Arbeit nicht so dränge. Was er die Nächte hindurch in der verschlossenen Kammer trieb, war und blieb sein Geheimnis – seine alleinige Arbeit – und war doch so schwer für eine Hand – und ach, so oft vergeblich! Denn welche Schwierigkeiten bot das Ausschnitzeln der einzelnen Buchstaben; wie gleichmäßig mussten sie sein – wie klein und zierlich sollten sie werden und dabei doch so stark und dauerhaft. Hunderte missglückten, hunderte zerbrachen und unzählige waren nicht haltbar und prägten sich nicht deutlich genug aus, wenn er sie unter der Presse erprobte. Aber seine Geduld ermüdete nicht. Überzeugt, dass er endlich den rechten Weg gefunden, schritt er darauf fort, wenn auch noch so langsam, noch so oft gehemmt, – selbst oft wieder rückwärts geworfen, – immer und immer wieder voran, weiter – nur immer etwas weiter wieder vorwärts – so nur war ja endlich das Ziel zu erreichen – das große herrliche Ziel!

Aber seine Wange wurde dabei immer bleicher, sein Auge immer größer und glanzloser und durch seine langen, braunen Haare zog sich hin und wieder ein frühzeitiger weißer Faden.

8.

Die Summe von einhundertundsechzig Gulden, die Heilmann und Dritzehn für ihre Teilnahme an dem zwischen Gutenberg und Riffe abgeschlossenen Geschäfte zahlten, half den Verhältnissen des Ersteren wenig auf. Er brauchte das Geld sehr nötig für Anschaffungen und musste seine Zeit nun hauptsächlich für diese Sache verwerden und dabei auch seinen Verpflichtungen als Lehrer im Steineschleifen und Spiegelmachen nachkommen. Für ihn selbst und seine geheimen Arbeiten blieben ihm nur noch die Nachtstunden, und er gönnte sich weder Schlaf noch Ruhe mehr. Die Heiligtumsbüchlein erforderten mehr Zeit und Geld, als er gedacht. Die kleine Presse war unzureichend; bald hatte er dies, bald jenes zu ändern und gar viele Versuche missglückten. Alles ging daher viel langsamer, als seine Genossen erwartet, und er, um ihren Anforderungen möglichst treu nachzukommen, und da er seine geheimen Arbeiten nicht bei Seite legen wollte, strengte sich über seine Kräfte an. Das Grauen des Tages fand ihn noch wach und beschäftigt und kaum stieg die Sonne am Himmel auf, klopften schon die Genossen an seine Pforte und mahnten ihn wieder zur Arbeit.

Diese Überanstrengungen, verbunden mit dem moralischen Zwange, den er sich auferlegte, und dem Drucke seiner Verhältnisse, mussten seinen starken Körper erschüttern, und nachdem er sich einige Wochen mühsam aufrecht erhalten hatte, sank er schwer erkrankt darnieder – und Monate gingen dahin, bis er sein Lager wieder verlassen konnte. In diesen Tagen des Leidens war Lorenz sein bester Trost. Der treue Diener wich nur dann von seiner Seite, wenn er ihn wegschickte zur Bewachung seines Heiligtums. Lorenz pflegte ihn, wie ein liebender Sohn seinen Vater, und seine geheime Werkstätte hütete er mit Argusaugen. Er wusste, dass Anne noch immer an dem Gedanken hing, ein wichtiges Geheimnis liege dort verborgen, welches Gutenberg bei ihrem gewaltsamen Eindringen durch irgendein Mittel zu verbergen gewusst, – denn, da er nicht aufhörte, seine Nächte in der geheimen Kammer zuzubringen, glaubte sie auch nicht daran, dass er nur an dem Heiligtumsbüchlein arbeite; und Lorenz war überzeugt, dass sie die Zeit seines Krankseins gerne benutzen würde, genauere Kenntnis sich darüber zu verschaffen. Auch Gutenberg musste dies einfallen, denn oft sandte er Lorenz plötzlich hinweg, um nachzusehen, ob auch die Türe seiner Werkstätte noch wohl verwahrt sei, und der treue Diener verwahrte und bewachte sie so gut, dass weder Anne noch irgendeiner aus der Gesellschaft es wagen konnte, einzudringen.

Anne, deren Nähe Gutenberg peinigte, ließ sich durch Lorenz gerne der Krankenpflege überheben. Für die nötigen Bedürfnisse des Kranken sorgte sie zwar, wie auch, dass alles im Haushalt in gehöriger Ordnung blieb, doch sie sorgte nicht mit Liebe dafür, nur eben mit dem ihr angeborenen Sinn für häusliches Schalten und Walten, was sich, seit sie Gutenbergs Frau war, nirgends in liebenswürdiger Weise kund tat. Hatte sie ihr Hauswesen geordnet und gesorgt, dass dem Kranken nichts Wesentliches gebrach, glaubte sie ihre Pflicht mehr als nötig erfüllt zu haben. Häufiger als sonst ging sie nach Straßburg und kam oft erst spät am Abend zurück. Sie verkehrte viel mit Heilmann und Andreas Dritzehn und kam dadurch wieder in nähere Berührung mit Georg, dem jüngeren Bruder des

Letzteren. Ihre frühere Neigung zu ihm erwachte wieder, und obgleich er sich inzwischen auch verheiratet hatte, gelang es ihr doch, eine gewisse Herrschaft über ihn auszuüben. Um sich diesen Vorteil zu sichern, knüpfte sie ein Freundschaftsband mit seinem Weibe. Ebenso wusste sie Andreas, durch hingeworfene Vermutungen über ihres Mannes geheimes Schaffen, so für sich zu gewinnen, dass er in ihrem Umgange mit Georg nichts Arges sah oder sehen wollte und selbst seinem älteren Bruder Klaus jeden Verdacht deshalb benahm.

Andreas wäre gar zu gerne in Gutenbergs Geheimnis eingedrungen. Er war ein unternehmender Mann, der schnell entschlossen riskierte, wo er einst zu gewinnen hoffte. Was ihn Gutenberg bisher gelehrt, war er gewiss, dass es mit der Zeit sehr einträglich werden würde – um wie viel besser musste also das sein, was jener so geheim hielt. – Anne überzeugt, dass es jedenfalls vorteilhafter wäre, wenn alle Künste ihres Mannes in praktischere Hände als die seinen kämen, machte Dritzehn immer begieriger darauf und schürte auch insgeheim an Heilmann und Riffe; allein so gerne sie alle in Gutenbergs geheimes Schaffen eingedrungen wären, wagten sie es doch nicht, während seiner Krankheit irgendeinen Schritt ohne seine Zustimmung zu tun, – dazu gebrach ihnen der nötige Mut; dafür hatte Gutenbergs ernste Gestalt zu viel Respekt in ihnen erweckt. Anne allein hätte vielleicht nicht gezaudert, die geheime Kammer abermals zu betreten, wenn sie Lorenz getraut; allein er hielt zu treue Wache, und so oft sie auch vor der verschlossenen Türe stand – sie zu öffnen, wagte sie nicht.

Mit Gutenbergs Genesung ging es nur langsam vorwärts, und selbst als er wieder sein Lager verlassen konnte, fühlte er sich noch längere Zeit zu schwach zur Arbeit. Dies war schwer, fast unerträglich für ihn. Er konnte nun nicht einmal seinen Verpflichtungen gegen die Genossen nachkommen. Die Aachener Wallfahrtsmesse rückte näher, und erst eine kleine Anzahl Büchlein war fertig, – das Unternehmen musste um ein Jahr aufgeschoben werden. Welch ein Zeit- und Geld-Verlust war dies! Und das Schlimmste für ihn war die abermalige Verzögerung des höchsten Verlangens seiner Seele.

Die Geschäftsgenossen äußerten ihre Verstimmung über die verfehlte Spekulation und beklagten ihren Geldverlust und verlangten eine Schadloshaltung von Gutenberg. Dieser noch geschwächt von der langen Krankheit und voll Unlust über sich selbst und am tiefsten alle Nachteile empfindend, gab endlich ihrem Drängen nach, sie in seine geheime Kammer zu führen und sie die Künste zu lehren, die er dort treibe. Er versicherte ihr zwar, dass er sie nichts weiter lehren könne, als die Heiligtumsbüchlein zu drucken mit Hilfe einer Presse statt eines Reibers, wie es bisher die Briefdrucker gemacht, – dass allerdings große Vorteile dadurch zu erreichen seien, allein um es nur zu einer gewissen Vollkommenheit zu bringen, noch viel Zeit, Geld, Geduld und Ausdauer nötig wären.

Dieser Ausspruch jedoch schreckte seine Genossen nicht zurück. Was ihm so viele Zeit, Geld und Mühe schon gekostet, musste reichen Gewinn versprechen, dachten sie und folgten ihm in größter Spannung an den noch nie von ihnen betretenen Ort.

Seine Hand zitterte, als er die Türe der geheimen Arbeitsstätte aufschloss; doch ruhig zeigte er ihnen die kleine Presse und setzte ihnen den Vorteil auseinander: wie durch sie leicht und schnell die Holztafeln abzudrucken wären. Mit Erstaunen sahen sie die Mechanik der Sache und ihre Vorteile ein. Durch die leichte Art des Abdruckes vermittelst einer Presse konnte man ja in kurzer Frist alle Briefdrucker überflügeln und Heiligenbilder und kleine Büchlein in Menge in die Welt senden.

Wie es häufig zu geschehen pflegt, der Vorteil der Sache leuchtete ihnen schneller ein als die Schwierigkeiten derselben, und jetzt erst bestanden sie fest darauf, auch den Druck zu erlernen, und dieses Geschäft gemeinschaftlich mit Gutenberg zu betreiben, überhaupt fortan in allen seinen Künsten gemeinschaftliche Sache mit ihm zu machen. Er sei es ihnen schuldig, wegen der verfehlten Spekulation mit der Messe zu Aachen, behaupteten sie – und Gutenberg gab dies bedingungsweise zu. Er wolle sie im Drucken unterweisen, sie Steine schleifen und Spiegel machen lehren, versprach er, doch sollten ihm dafür Dritzehn und Heilmann noch zweihundertundfünfzig Gulden zahlen, – jeder fünfzig Gulden gleich und das Übrige in Terminen. Nach kurzem Bedenken gingen sie es ein und Heilmann zahlte seine fünfzig Gulden alsobald – Dritzehn dagegen nur vierzig und wollte erst weitere Zuschüsse geben, wenn eine größere und entsprechendere Presse gemacht, und diese in seinem Hause aufgestellt worden sei. Dorthin solle, beharrte er, die Hauptdruckerei kommen, da es so zu ihrem allseitigen Vorteil nötig wäre. Ungern verstand sich Gutenberg auch dazu, allein er sah ein, dass er, nun einmal an sie gebunden und ihnen schon so viel vertraut habe, ohne ihre Hilfe nicht leicht mehr weiter vorankommen könne. Was er bis jetzt als Erwerb betrieben, hatte er sie bereits so weit gelehrt, dass sie bei ihren günstigeren Vermögensverhältnissen ihm diese notwendige Sache so erschweren konnten, es ihm unmöglich zu machen, ferner davon zu leben, und damit waren auch seine anderen Pläne vernichtet. Drum besser, er gab, neue Mittel zu gewinnen, einen Teil seines Wissens dafür hin, den Teil, der ihn ja doch nicht befriedigte, für sie aber ausreichte, da ihnen der pekuniäre Gewinn als das Höchste galt. Sie konnten, was sie einsetzten, einst verdoppeln, vielleicht verzehnfachen, wenn sie Gold, Geduld und Ausdauer hatten, und er konnte mit dem Gelde, das sie ihm als Lehrherrn boten, wieder mehr für die Arbeiten verwenden, welche ihm über alles gingen.

Nach kurzer Zeit kam ein Vertrag zwischen ihm und seinen Genossen zu Stande, der nebst verschiedenen Bedingungen ihre Verbindung auf fünf Jahre festsetzte.

Er gab ihnen damit die Arbeit und Forschung vieler mühsamer Jahre hin – aber das Große, was seine Seele bewegte, offenbarte er ihnen nicht – und sie hätten es auch nicht verstanden, wenigstens nicht, wie es ihn durchdrang, wie er es bis jetzt nur an eine Menschenseele wieder hingegeben – an die Katharinas. Nicht Kunos heller Geist, nicht Angelas strahlendes Auge, nicht Antonios praktischer Sinn waren tiefer in sein inneres Leben eingedrungen. Sie erkannten wohl, dass etwas Höheres in ihm verborgen liege, zweifelten aber, ob er den rechten Weg finden würde, seine Ideen zu verkörpern. Die bleiche Marianne und seiner Mutter ahnende Liebe hatten es besser erkannt – doch Katharina allein ihn ganz verstanden, ohne viele Worte ihn verstanden, weil ihr frommer Sinn sie eine höhere Bestimmung darin erkennen ließ, und ihr Herz ihm grenzenlos vertraute.

An die berechnende Spekulation seine großen Gedanken hinzugeben, war ihm noch eine Unmöglichkeit, und so sorgsam wie bisher alles, was damit in Verbindung gestanden, verwahrte er jetzt die kleinen Typen, die er in einsamen Stunden der Nacht mühsam verfertigte. Sie die kleinen, unscheinbaren Chiffern verkündeten ja klarer als alles, was er bisher getan, die große Idee, die er erst in verkörperter Vollendung der Welt übergeben wollte.

Andreas Dritzehn, der den größten Eifer unter den Genossen Gutenbergs zeigte, brachte einen geschickten Dreher namens Sahspach nach St. Arkobast, damit dieser eine vollkommenere Presse nach Gutenbergs Angabe verfertigen sollte. Der Handwerksmann musste feierlichst

Schweigen geloben, worauf er so weit, als es zum richtigen Verständnis dessen, was er liefern sollte, nötig war, von der Sache unterrichtet wurde. Sahspach war nicht nur ein geschickter, sondern auch ein redlicher Mann und kam seinem Auftrage zur vollen Zufriedenheit Gutenbergs nach. Die Presse wurde nach kurzer Zeit von Sahspach in Dritzehns Haus gebracht und dort in einer abgelegenen Stube aufgestellt. Andreas, der trotz seines Eifers und seiner Unternehmungslust sich doch auch gerne möglichste Sicherheit für das, was er einsetzte, verschaffte, fühlte sich sehr befriedigt, als die ersten Druckversuche in seinem Hause gemacht wurden und wollte Gutenberg von da an veranlassen, alle seine Geschäfte, so viel als nur möglich, in die Stadt zu verlegen. Gutenberg ging scheinbar darauf ein, doch nur dasjenige was zu den Heiligtumsbüchlein oder vielmehr zum Tafeldruck gehörte, wanderte in Dritzehns Haus, wo er den größten Teil des Tages arbeitete. Sobald er nach St. Arkobast zurückkehrte, schloss er sich wie früher in seine Kammer ein und verfertigte Typen aus Holz, später auch aus Blei und erprobte sie in seiner kleinen Presse. Doch diese nur leicht und unvollständig zusammengefügt, brach bald zusammen und er musste ungestörte Stunden in Dritzehns Haus abwarten, um dort seine geheimen Versuche vermittelst der besseren Presse zu machen. Tage- und wochenlang trug er oft die Typen mit sich herum, bis er endlich Gelegenheit fand, sie unter der Presse zu erproben – und ach, wie oft missglückten diese Proben. Die kleinen Buchstaben wollten nicht fest zusammenhalten und zerbrochen bei dem Drucke der Presse immer wieder. Er schnitzelte andere, immer wieder andere – versuchte es endlich mit Blei – aber das zeigte sich noch weniger haltbar als Holz.

Welche Geduld, welche Ausdauer, welch hoher Sinn und Mut gehörte nicht dazu, in dieser mühsamen und ermüdenden Arbeit fortzufahren, besonders in einer Zeit, wo die Gemeinschaft mit anderen ihm die Aussicht auf baldige, einträgliche Geschäfte eröffnete. Freilich ging es auch damit nicht so rasch, als Dritzehn gehofft, – doch hätte Gutenberg alle seine Kräfte darauf verwendet, wäre vielleicht schnellerer Erfolg gekommen. So blieb der Erwerb ihm aber eine Last, die ihn schwer drückte, – und so viele Zeit er auch dafür verwandte, seine Gedanken waren nicht so dabei, wie es wohl hätte sein müssen, um der Hände Arbeit schnellen Gewinn zu sichern. Da nun die Heiligtumsbüchlein viel mehr Kosten und Zeitaufwand erforderten, als man anfänglich geglaubt, legten sich Dritzehn und Heilmann wieder mehr auf die ergiebigeren Künste des Steineschleifens und Spiegelpolierens und Hans Riffe, der überhaupt um die Arbeiten selbst sich wenig bekümmerte, kam immer seltener nach Straßburg. Dadurch gewann Gutenberg wieder mehr ungestörte Zeit und konnte jetzt häufiger Versuche mit den Typen unter der Presse machen und, durch Erfahrung belehrt, manches daran verbessern. So bohrte er in die kleinen Klötzchen Löcher ein, um mit Bindfaden sie fest aneinander zu ketten; und es gelang ihm eines Tages, auf diese Weise eine etwas leserlichere Schrift zu Stande zu bringen.

Morgen wollte er weitere Versuche machen und ganze Seiten zusammensetzen und abdrucken, und umschloss deshalb die zusammengepressten Typen mit festen Stäben und legte sie unter die Presse. Die Holztafeln und Metallplatten lagen daneben – sie waren ja längst den Genossen keine geheime Sache mehr. Doch auch die Typen ließ er heute da, als er nach St. Arkobast zurückkehrte, – er sparte sich so für morgen eine mühsame Arbeit. Andreas war krank und konnte nicht in die Arbeitsstube gehen und war zu misstrauisch, als dass er einen der anderen, außer Gutenberg, allein eintreten ließ. Dieser übergab ihm deswegen auch heute ohne alle Besorgnis den Schlüssel, wie er immer zu tun pflegte, ehe er weg ging.

Nachdenkend über dieses und jenes, was noch anders werden müsste, erreichte er seine einsame Behausung und wollte eben zu einigen Stunden Arbeit sich noch in seine Werkstätte begeben, als Heilmann atemlos in St. Arkobast ankam und die Schreckenskunde mitbrachte: Andreas Dritzehn sei eben eines unerwarteten, plötzlichen Todes verblichen, und hinzusetzte, dass bereits seine Angehörigen sich um seine Leiche versammelt hätten, damit ihnen ja nichts von dem Erbe entgehe, und dass sie ohne Zweifel gesonnen seien, Hand an alles zu legen, – auch an die Werkstätte, die Presse und alles, was sich dort befinde. Klaus und Georg, die Brüder des Toten, seien längst ungehalten über das viele Geld, das Andreas für die Drucksache verwendet habe, und würden gewiss jetzt Ansprüche an die Gesellschaft machen. Gutenberg war unter Heilmanns Worten immer bleicher geworden, und voll Schrecken rief er aus:

»Andreas tot – und sie die Erben in der Kammer – an der Presse – nimmer, nimmermehr darf das geschehen – ich will fort – sie daran verhindern.«

»Das wäre das Schlimmste, was Ihr tun könntet«, fiel Heilmann ein. »Da würden sie erst Wunder glauben, was alles zu finden wäre, und Euch gewiss nicht die Kammer öffnen. Nein, lasst uns erst überlegen – es hat ja noch Zeit –«

»Zeit? Nein, es hat keine Zeit«, unterbrach ihn Gutenberg außer sich. »Was wisst Ihr davon, welch ein Gut in der Presse liegt – mein Alles – mein Geheimnis – die Arbeit meines ganzen Lebens!«

Er sank in einen Stuhl und bedeckte sein Gesicht mit beiden Händen.

»Was sagte er?«, murmelte Anne mit einem scharfen Blicke auf ihn. »Sein Geheimnis – die Arbeit seines ganzen Lebens? – Da ist keine Zeit zu verlieren.« Und sie entfernte sich eilends.

Weder Gutenberg noch Heilmann fiel Annens Entfernung auf, und auch Lorenz schüttelte nur leicht den Kopf darüber. Gutenberg, noch außer Fassung, sprang wieder auf und durchschritt in höchster Unruhe das Zimmer, während er durch die Zähne murmelte:

»Sie werden voll Neugierde die Presse aufmachen und alles auseinander nehmen, die zusammengesetzten Buchstaben entdecken, ihre Bedeutung erkennen – und profane Hände werden mein höchstes Gut, mein großes Geisteskind als eine unreife Geburt, veranstaltet in die Welt senden.«

»Was ist Euch, Gutenberg?«, sprach Heilmann verwundert, als er den sonst so ruhigen, ernsten Mann in solcher Aufregung sah. Doch Gutenberg gab ihm keine Antwort, er hörte ihn nicht, – dachte nur an die eine fürchterliche Möglichkeit: wie sie über die Presse herfielen, die beweglichen Lettern entdeckten, dann sie genauer prüften – und dann – es schwindelte ihm und taumelnd fasste er die Lehne eines Stuhles.

Lorenz, der am besten begriff, um was es sich handle, trat zu ihm und sagte:

»Mein guter Herr, fasst Euch! Es wird so schlimm nicht werden, als Ihr fürchtet. Schickt mich in die Stadt. Noch wissen sie ja nicht, dass Euch Kunde von Andreas' Tod geworden, und ich will tun, als erfahre ich es erst bei meinem Eintritt in sein Haus, und will ihnen sagen, Ihr hättet etwas in der Arbeitsstube liegen lassen, dessen Ihr heute noch bedürftet. Sie wissen ja alle, dass Ihr viel in der Nacht arbeitet, und werden es drum auch glauben und mir nicht wehren, unter ihren Augen in die Kammer zu gehen. Bin ich dann einmal drin, Herr, werd ich schon wissen, was zu tun ist.«

»Ja, geh, Lorenz, – doch gehe zu Klaus«, erwiderte Gutenberg etwas ruhiger; »er ist der vernünftigste von ihnen, und sage ihm, nicht dass ich etwas vergessen und nicht wisse, dass der Andreas gestorben, nein, sage ihm, dass ich das Unglück erfahre und ihn bitten lasse, er solle mit dir in die Stube gehen und die Schrauben der Presse öffnen, denn wenn ein Fremder es tue und unser Schaffen kennen lerne, sei dies zu unserem großen Nachteile und auch zum Nachteil der Erben des Andreas. Was er unter der Presse finde, soll er herausnehmen, es auseinander legen, dass es zerfalle. Gib wohl Acht, Lorenz, und raffe dann schnell die einzelnen Teile zusammen und bringe sie mir – oder duldet er das nicht, soll er sie gut verwahren, damit niemand sie sieht. Wenn der Tote bestattet sei, sag ihm, wolle ich Rücksprache mit ihm nehmen.«

»Ich bringe Euch die Formen; sind sie nur erst in meiner Hand, entreißt sie mir niemand mehr«, versicherte Lorenz und schickte sich an, wegzugehen. Doch Heilmann bat ihn, noch ein wenig zu verweilen, dann gehe er mit ihm; er verabredete noch mit Gutenberg, dass man auch die Presse vor jedem unberufenen Auge sicher stellen und zu diesem Zwecke Sahspach zu des Verstorbenen Bruder senden solle, um diesen zu bestimmen, die Presse auseinander nehmen zu lassen, damit niemand erkenne, welchem Zwecke sie gedient habe; er selbst könne sich ja später von dem, was ihn zu wissen verlange, Aufklärung bei Gutenberg verschaffen, eine weitverbreitete Kenntnis der Sache wäre nur von Schaden für die Genossenschaft sowohl als seine etwaigen Erbansprüche.

Nach dieser Übereinkunft schieden sie und Gutenberg blieb allein in dem großen, einsamen Hause zurück. Auch Anne zeigte sich nicht mehr; doch sie entbehrte er am wenigsten, – in dieser Stunde wäre sie ihm die unwillkommenste Gesellschaft gewesen. Von namenloser Unruhe gequält, war es ihm nicht möglich, sich niederzulegen. Bald ging er mit hastigen Schritten umher, bald sank er, erschöpft von Zweifel und Ungewissheit, in einen Stuhl – dann sprang er wieder auf und lauschte, ob Lorenz noch nicht nahe, und dieser konnte doch erst nach mehreren Stunden zurückkehren. Wie langsam, wie schleichend ging ihm eine Viertelstunde nach der anderen hin – und Stunde auf Stunde verrann und Lorenz kehrte noch immer nicht wieder. Er trat an das Fenster und starrte in die Dunkelheit hinaus, als müsse er sie durchdringen und er könne seinen Diener herbeisehen. Es dämmerte, da war es ihm, als husche eine Gestalt zum Tore herein. Sein Auge folgte gierig dem Schatten, der sich lautlos an der Mauer hinbewegte. Konnte das denn Lorenz sein? Er riss das Fenster auf und rief seinen Namen. Keine Antwort erfolgte und der Schatten verschwand hinter einer Ecke des Hauses. Hatte denn das Verlangen, Lorenz zu entdecken, seinem Auge ein täuschendes Phantom vorgeführt? – Es musste wohl so sein, denn er vernahm keinen Laut mehr, und Lorenz kehrte erst bei hellem Tage zurück. Doch schlich auch er lautlos, als fürchte er gesehen zu werden, zum Tore herein. Sein Gang, sein Gesicht verkündeten nichts Gutes. Gutenberg eilte ihm hastig entgegen, doch Lorenz vermochte nicht zu sprechen, als er seines Herrn verstörte Miene sah.

»Rede, sprich! Er ließ dich nicht in die Kammer?«, fragte Gutenberg tonlos.

»Doch, Herr«, stotterte Lorenz. »Der Klaus war guten Sinnes. Er hatte nichts dagegen.«

»Nun, und du –?«

»Ich? Ich war froh darob und mahnte den Klaus zur Eile, da –«

»Da –?«

»Fand er den Schlüssel nicht – und erst, als nach einigen

Stunden Georg dazu kam, entdeckte dieser ihn unter dem Kopfkissen des Toten.«

»So gut hatte Andreas ihn verwahrt!«, rief Gutenberg erleichtert und fuhr dann hastig fort: »Ihr ginget also in die Kammer, an die Presse, Klaus öffnete die Schrauben –«

»Nein, Herr, das ist ja das Unbegreifliche, das Schlimme – die Schrauben waren aufgedreht –«

»Die Schrauben aufgedreht?«, rief Gutenberg bebend und fasste den Diener hart an der Schulter, ließ ihn aber sogleich wieder los und fragte in höchster Spannung: »Und was saht, was fandet ihr –?«

»Nichts, Herr, nichts. Alles war fort.«

»Alles war fort?«, wiederholte Gutenberg, als habe er nicht recht verstanden.

»Ja, Herr, gar nichts fanden wir als die Presse, einige Metall- und Holzplatten, Material und gemachtes Werk. Die Presse hat nun Sahspach auseinander gelegt«, setzte er schnell hinzu, als er Gutenbergs Entsetzen gewahrte. »Niemand sieht mehr, zu was sie gedient.«

Doch Gutenberg hörte nicht darauf. Einen Augenblick stand er wie vernichtet, dann rief er: »Das ist ja aber nicht möglich, Lorenz. Ich selbst – ich selbst legte die Buchstaben in die Form nebeneinander und unter die Presse und übergab Andreas den Schlüssel. Er starb gleich nach meinem Weggehen und den Schlüssel fandet ihr unter seinem Haupte. Wie konnte denn da ein Dieb in die Kammer gelangen – in einem Hause, wo man bei einem eben erst Gestorbenen wachte?«

»Ja, Herr, es ist unbegreiflich; und zudem fanden wir die Stube fest verschlossen.«

»Dein Auge war geblendet, Lorenz, – deiner Hand fehlte der Tastsinn. So wird es gewesen sein, – es ist nicht anders möglich. Ich will selbst hin, mich erst überzeugen, ehe ich glaube – das Entsetzliche glaube – sie verloren

165

gebe, die Arbeit meiner Nächte – und ach, die Arbeit, die so augenscheinlich von dem schöpferischen Gedanken zeugt! Nein – nein – sie darf nicht verloren sein! Komm, Lorenz, komm schnell, schnell nach Straßburg!«

Er nahm Barett und Mantelrock und eilte, von Lorenz begleitet, davon.

Aus einem entlegenen Fenster des Hauses beobachtete Annens Blick die Davoneilenden, indem sie vor sich hinsprach:

»Es ist gut, dass sie gehen, umso weniger denken sie über meine Entfernung und mein Wiederkommen nach. Das eine ist dem Lorenz doch nicht entgangen und das andere bemerkte er, obgleich ich nicht glaube, dass er mich erkannte. Ja, eilt nur, was ihr könnt!«, rief sie laut hinaus, als Lorenz und Gutenberg hinter dem Ulrichshügel verschwanden. »Zu spät kommt ihr doch, dafür habe ich gesorgt, Johann; nicht du sollst es, ich, ich will jetzt Gewinn aus deiner Arbeit ziehen.«

Damit ging sie in ihre Behausung und schaltete darin, wie an jedem Tage, nur dass sie, als Gutenberg zurückkehrte, freundlicher als sonst gegen ihn war und Lorenz ein besseres Gericht als gewöhnlich vorsetzte. Gutenberg zog sich jedoch sogleich in seine Werkstätte zurück, ohne ein Wort mit ihr zu wechseln. Was Lorenz ihm mitgeteilt, hatte er bestätigt gefunden, und Trost konnte er allein bei sich selbst und in seiner Arbeit finden. Lorenz, den Anne ausforschen wollte über das, was ihr Mann mit den Dritzehn vorgehabt, stand ihr nicht viel Rede und warf einen recht bösen Blick auf sie, als er sagte:

»Fragt den Georg um diese Sache, der kann es Euch am besten sagen; – seht Ihr ihn doch jedes Mal, Frau Gutenbergin, so oft Ihr nach Straßburg kommt.«

»Wer sagt das?«, fuhr sie erbost auf. »Und wenn's wäre, was ging's dich an, Lorenz? Ich kann tun, was ich will.«

166

»Mag's Euch bekommen, wie Ihr's verdient!«, brummte er, verließ sie und ging in sein kleines Kämmerlein und dachte über dies und jenes nach, was gerade nicht zu ihrem Vorteil war.

Von da an beobachtete er sie schärfer als bisher und ging ihr auf Schritt und Tritt nach, wo es nur immer geschehen konnte. Selbst ihre Gänge in die Stadt verfolgte er und forschte, was sie so oft dort zu tun habe. Da entdeckte er denn, dass sie noch außer in Georg Dritzehns Haus in ein anderes gehe und besonders zur Abendzeit in das Haus einer Verwandten Georgs, einer kinderlosen Witwe, die nicht in besonders gutem Rufe stand, und dass ihr Georg, meistens aber in Begleitung eines jungen Mannes, dahin nachfolgte. Wäre Georg allein gewesen, hätte Lorenz sie eben der Untreue an ihrem Manne beschuldigt, da dieser aber, mit wenig Ausnahmen, einen Begleiter hatte, musste noch etwas anderes hinter diesen Zusammenkünften stecken, und Lorenz nahm sich vor, um jeden Preis der Sache auf die rechte Spur zu kommen.

Als Anne eines Tages sich wieder anschickte, in die Stadt zu gehen, wusste er es einzurichten, dass er unbemerkt ihr zuvorkam und in der Nähe des ihm verdächtigen Hauses sich aufhielt, bis es zu dunkeln begann. Noch war Anne nicht gekommen, als eine Magd aus dem Hause trat, um Wasser zu schöpfen; er benutzte diesen Umstand und schlüpfte unbemerkt durch die Türe und stieg eilends eine Treppe hinaus, die in das erste Stockwerk führte. Dort hatte er wie immer, wenn Anne da war, ein Licht bemerkt, das durch die Ritzen eines Ladens schimmerte. Sein scharfes Auge, dem der Tastsinn zu Hilfe kam, erkundete bald die Lokalität des Hausflurs, auf dem er anlangte, und zeigte ihm ein Versteck hinter einem großen Schranke, das er sogleich einnahm. Dort harrte er, auf die Gefahr hin, als ein Dieb angehalten zu werden, geduldig der Dinge, die da kommen würden.

Und siehe, nach kurzer Frist sprang Anne mit sicherem Tritte die enge Treppe herauf und öffnete, ohne anzuklopfen, eine Türe dem Verstecke Lorenz' schräg gegenüber. Eine Stube wurde vorübergehend sichtbar, in der auf einem großen, viereckigen Tische ein Licht brannte. Doch sonst konnte der Lauscher nichts erspähen. Bald darauf wurde leise an die Haustüre gepocht, sie geöffnet und wieder verschlossen, worauf männliche Tritte sich nahten; abermals ging die Türe Lorenz gegenüber auf, und zwei Männer traten, von Anne freudig begrüßt, in die Stube. In dem einen erkannte Lorenz Georg, den anderen sah er nicht deutlich, doch schien es ihm Georgs gewöhnlicher Begleiter zu sein. Ein lautes Gespräch entwickelte sich immer lebhafter in der Stube, doch Lorenz vermochte nur einzelne Worte deutlich zu verstehen und strengte vergebens sein Gehör an, einen Zusammenhang hineinzubringen. Da riss endlich seine Geduld, und sich kecken Mut fassend, sprach er zu sich selbst:

»Lorenz, was du angefangen, musst du auch zu Ende führen, und da du dich vor den Dreien da drinnen nicht zu fürchten brauchst, denn nicht du, sondern sie haben ein böses Gewissen, tritt als Richter und Rächer zu ihnen.«

Damit ging er rasch auf die Türe zu, öffnete sie mit kräftigem Drucke und stand mitten in der Stube, zum größten Schrecken der Anwesenden. Anne saß in vertraulicher Stellung neben Georg – ihnen gegenüber ein junger Mann und auf dem Tische, der sie schied, lagen allerlei Gegenstände umher, die Lorenz sogleich als seinem Herrn gehörend erkannte. Nach einem Blicke darauf wurde es Lorenz plötzlich klar, dass Anne mit Hilfe Georgs die von Gutenberg schmerzlich vermissten Gegenstände aus der Presse entwendet habe. Sie war ihm nach Straßburg vorausgeeilt und war mit Georg in der Kammer gewesen, während Klaus vergebens den Schlüssel zu derselben suchte, den

Georg bereits besaß und den er angeblich unter dem Kopfkissen des Toten gefunden haben wollte. Es blieb Lorenz darüber kein Zweifel mehr, und ehe noch die Erschrockenen zur Besinnung kamen, schlug er mit derbem Schlage auf den Tisch und rief voll Ingrimm:

»Ihr Diebe, Ihr schlechtes Gesindel! So, habe ich Euch endlich erwischt, Frau Gutenbergin, bei dem Liebsten, mit dessen Hilfe Ihr Euern Eheherrn beraubt und betrügt? Aber das soll Euch nicht geschenkt sein, so wahr mir Gott in allen meinen Nöten helfen möge. He, holla, ihr Leute, ihr ehrlichen Nachbarn, zu Hilfe! – Wohnt denn keine einzige redliche Seele in dieser vermaledeiten Spitzbubenhöhle?«

»Was? Mein Haus eine Spitzbubenhöhle?«, kreischte die Stimme eines Weibes, die aus einer Nebenstube hervorstürzte. »Wer ist der Strolch, der Nichtsnutz, der so etwas redet? Warum werft ihr ihn nicht die Stiege hinunter, dass er das Genick bricht und ihm Hören und Sehen vergeht?«

Georg sprang auf, Lorenz zu packen; doch schon war dieser am Fenster, es aufzureißen und um Hilfe zu rufen.

»Lorenz, um Gotteswillen, schweig – komme doch zur Vernunft!«, flehte Anne. »Und du, Georg, keine Gewalttätigkeit! Es gäbe Lärmen, Auflauf in der Gasse, Stadtskandal und Gott weiß, was noch alles.«

Georg, der Lorenz gepackt hatte, kam bei diesen Worten zu einiger Überlegung und bat mit Anne den Ergrimmten, sie erst ruhig anzuhören, ehe er weiteren Lärmen mache.

»Die Nachbarn strecken schon die Köpfe zu den Fenstern heraus«, raunte der junge Mann, der bisher ganz ruhig geblieben war und wie in Verlegenheit mit den Sachen, die auf dem Tische umherlagen, gespielt hatte, der Hausfrau zu, die mit aufgestützten Armen sich an den Tisch postiert hatte und sich nun alsbald wieder in den Streit mischte.

»Das fehlte mir noch, Skandal in meinem ehrlichen Hause! Nein, Georg, so gern ich dir auch zu Willen bin und auch Euch, Frau Gutenbergin –, so weit geht doch meine Gefälligkeit nicht. Macht die Sache im Guten aus – ich will nichts damit zu tun haben.«

Lorenz, dem inzwischen eingefallen war, dass eine öffentliche Beschimpfung seines Weibes Gutenberg höchst ungelegen kommen könnte, indem dabei das Wichtigste war, was leicht mehr, als er wünschte, von seinen geheimen Arbeiten bekannt werden würde, da jedenfalls bei einem Prozesse die Gegenstände des Raubes einer weiteren Untersuchung ausgesetzt waren, zeigte sich zu einem Abkommen in Güte geneigt, doch hielt er fest an zwei Bedingungen.

Erstens: Anne solle künftighin nicht mehr in St. Arkobast wohnen, sich über ihren Lebensunterhalt mit ihrem Manne gütlich verständigen, und wolle dieser eine gerichtliche Trennung vorziehen, dieser nichts entgegenstellen. Zweitens: solle ihm sofort alles ausgeliefert werden, was sie Gutenberg entwendet.

»Hier ist es«, sprach sogleich der Mann, der sich inzwischen damit beschäftigt hatte, zu Lorenz, indem er die umherliegenden Gegenstände, Formen und einzelne Lettern zusammenraffte und in ein Tuch band.

Lorenz griff gierig darnach. Er hatte nicht bemerkt, dass ein großer Teil der geschnitzelten Buchstaben während seiner Unterhandlung mit Anne und Georg in die Tasche jenes Mannes gewandert war. Anne wollte nicht gleich auf die an sie gestellten Bedingungen eingehen, als jedoch Lorenz ihr und Georg drohte, eine Anklage sowohl bei dem Rate der Stadt, als dem geistlichen Gerichte zu erheben, fand sie es klüger, nachzugeben, und hoffte im Stillen von dem friedfertigen Sinne Gutenbergs das Beste für sich.

Sehr befriedigt durch seine Taten schritt der treue Diener St. Arkobast zu und überbrachte mit einer Träne der Freude das Bündel seinem Herrn. Doch Gutenbergs anfängliches Entzücken darüber wurde bald gedämpft, als er die fehlenden Typen vermisste, deren ganzer Ersatz ihm am meisten am Herzen lag.

»Waren sie verschleudert worden, die kleinen, unansehnlichen Dinger – oder in eine Hand geraten, die sie festhielt, – ihre Bedeutung erkannte?«

Eine namenlose Unruhe bemächtigte sich seiner und ließ ihn wenig auf das achten, was ihm Lorenz von seinem Weibe berichtete. Am anderen Tage musste er ihn erst wieder daran erinnern, ein schriftliches Abkommen mit Anne aufzusetzen, das ihn von ihrer Gegenwart befreite und ihren Lebensunterhalt, soweit es Gutenberg möglich war, sicherte. Weiter wollte er es nicht treiben, und Anne gab sich vorerst damit zufrieden. Sie blieb bei der Verwandten Georgs, doch Zank und Streit trennten sie bald wieder und sie lebte von da an allein für sich. Georg besuchte sie noch einige Zeit, zog sich aber dann von ihr zurück, teils weil sie ihm lästig wurde, teils auch, weil er mit seinem Bruder Klaus die Absicht hatte, an Stelle ihres verstorbenen Bruders den Geschäften Gutenbergs sich anzuschließen.

Dieser jedoch ging nicht darauf ein und forderte von ihnen die Presse, wie auch alles vorhandene Material und die gemachten Sachen zurück, was sie ihm seither unter dem Vorwande der Erbschaftsausgleichung vorenthalten hatten. Die Brüder Dritzehn, erbost darüber, dass er ihnen keinen Anteil gönnen wollte, verklagten ihn bei dem hohen Rate der Stadt und verlangten, dass er ihnen das von dem Verstorbenen vorgeschossene Geld zurückgeben solle, sowie auch die Gelder, wofür Andreas sich verbürgt, als Gutenberg Material, Blei und dergleichen gebraucht habe, und was der Verstorbene später hätte bezahlen müssen. Gutenberg dagegen behauptete, dass das Letztere unwahr sei, und da sie keine hinreichenden Beweise dafür hatten, zerfiel die Klage in sich selbst. Gegen die andere

Klage brachte er einen versiegelten Brief, der die Bedingungen ihrer Verbindung enthielt. Sie lauteten, dass wenn einer der Genossen während der fünfjährigen Dauer ihrer Gesellschaft mit Tod abgehen würde, alles Geschirr und gemachte Werk den Überlebenden zugehören solle, und die Erben des Verstorbenen erst nach Ablauf dieser Zeit Ansprüche auf hundert Gulden machen könnten. Nun habe aber Andreas erst vierzig Gulden von einhundertundfünfundzwanzig, die er zu zahlen gehabt, entrichtet, sei also noch mit fünfundachtzig im Rückstand, weshalb ihm von allem, was sich in der Gesellschaft vorfinde, nichts zukomme, als fünfzehn Gulden. Damit und mit den fünfundachtzig Gulden, welche nicht bezahlt worden, seien die bedungenen hundert Gulden entrichtet. Nachdem Gutenberg, Heilmann und Riffe die Wahrheit von diesem allen beschworen, wurde den Klägern aller Anspruch an die Genossenschaft des Verstorbenen bis auf fünfzehn Gulden abgesprochen[2], und Gutenberg kam wieder in den Besitz der Presse und alles dessen, was sich in der Werkstätte in Dritzehns Hause vorfand.

Er arbeitete seitdem nur noch in St. Arkobast, da aber weder Hans Riffe noch Heilmann mehr Geld zuschießen wollten, zerschlug sich die Spekulation mit der Wallfahrtsmesse gänzlich. Überhaupt verloren seit dem Tode des tätigen und unternehmenden Andreas Dritzehn die beiden anderen den Mut, und nur noch ein loses Band hielt sie fortan mit Gutenberg zusammen. Riffe gab sein eingesetztes Gut verloren und tröstete sich als wohlhabender Mann darüber; – Heilmann suchte durch Steineschleifen und schneiden das Eingesetzte wieder zu verdienen und

---

2   Als merkwürdiges Denkmal der alten Abfassung solcher Rechtserkenntnisse findet sich dieses berühmte Aktenstück in seiner ganzen Ausdehnung in Johann Wetters Geschichte der Buchdruckerkunst, S.68–72.

172

Gutenberg war ihm dabei so viel wie möglich behilflich. Ihm selbst erging es schlimm. An den großen Gedanken fest gekettet, opferte er ihm alles. Durch neue Versuche immer wieder zu schönen Hoffnungen baldigen Gelingens ermutigt, gab er sein Letztes dafür hin. Eine kleine Erbschaft, die ihm von Mainz zukam, und all das, was seine Mutter als möglichst entbehrlich ihm sandte, hatte er in kurzer Zeit wieder verbraucht. Nur das, was er für Katharina niedergelegt, blieb unangetastet als sein und Martins Geheimnis.

Da alles, was ihm bis jetzt gelungen, ihn nur als einzelne Denkmale der Kindheit seiner Erfindung umstanden, noch unfähig zu selbstständigem Leben, stockte sein Erwerb gänzlich, und er geriet in Schulden, die ihn oft schwer drückten. Dabei sah er sich vereinsamt, verlassen, ein beklagter, oft verspotteter Sonderling in dem einsamen St. Arkobast, der Vermögen, Verdienst und Leben einer geheimen Kunst hinopferte, von welcher nach Jahren und Jahren immer noch nichts zum Vorschein kommen wollte. Nicht freundliche Teilnahme, nur die Neugierde drängte sich noch zuweilen in St. Arkobast ein, und auch die Bosheit umschlich das stille Haus – in seinem ergrimmten Weibe Anne, welche mit Quälereien aller Art die Tage des einsamen Forschers, dessen Namen sie trug, zu trüben suchte und immer und immer wiederkehrte, Ansprüche an ihn zu machen, die er nicht erfüllen konnte ohne seine Schulden zu mehren, machte die schwere Last seiner Tage noch schwerer.

Der Gedanke, nach Mainz zurückzukehren, lag ihm oft sehr nahe, doch immer wieder schob er es auf. Erst dies und jenes wollte er versuchen – nur etwas weiter wollte er noch in seiner Kunst kommen, ehe er wieder in die Vaterstadt einzog, um sie dort auszuüben. Bald fehlte an diesem noch etwas, bald war jenes nicht so wohl geraten, wie er gehofft – und dann, wie war es möglich, sich zu trennen von den teuren Gegenständen, die sich um ihn in seiner Werkstätte aufgehäuft hatten und die er nicht alle mitnehmen konnte. An jedem hingen die Schweißtropfen mühsamer Arbeit – und was noch weit mehr – sie waren die bildliche Stufenleiter seiner geheimsten Gedanken, die lieben, schmerzlich teuren Zeugen jahrelangen vergebenen Suchens, jahrelangen mühsamen Fortschreitens auf dem endlich entdeckten Wege zum fernen Ziele. Und so blieb der einsame Mann wieder Jahr auf Jahr in Straßburg. Da endlich sagte er eines Tages zu Lorenz, dem einzigen treuen Gefährten, der ihm in der Fremde geblieben:

»Freue dich, mein guter Lorenz, wir ziehen jetzt heimwärts. Der Mutter Leben neigt sich zu Ende, sie verlangt nach dem Sohne. Und dann auch komme ich mit meinem Schaffen hier nicht mehr weiter. Ich sehe ein, dass ohne Mittel, ohne Geld mein Werk nicht weiter voranschreitet. Vielleicht finde ich die rechte Hilfe in der Heimat. Ach, guter Lorenz, mein Stolz war zu groß. Ich baute zu viel auf die eigene Kraft, hatte zu wenig Vertrauen zu anderen und verschloss allzu ängstlich, was ich dachte, was ich tat – und möchte es jetzt noch verschließen wie mein eigenstes Eigentum. – Das hängt mir von der Jugendzeit an, wo der schuldlose, kindliche Sinn sein teuerstes Verlangen vor dem Hochmute verbergen und es aus der Heimat in die weite Welt flüchten musste. Jetzt kehre ich wieder dahin zurück, von wo ich vor einigen zwanzig Jahren ausgegangen bin, noch erfüllt von demselben Gedanken, mit demselben festen Willen und dem mühsam errungenen Gute, demutsvoll ergeben in das Geschick, das mich nach langem alleinigen Suchen zur Erfindung, doch nicht bis zur Vollendung führte.«

Er senkte sein Haupt tief auf die Brust herab.

Lorenz schlich leise weg. Er wollte den Betenden nicht stören. –

Wenige Wochen später lag ein großer Haufen von verschiedenen Gegenständen aufgeschichtet im Hofe von St. Arkobast. Mehrere größere und kleinere Kisten standen zur Seite, die Lorenz im Laufe des Tages mit Hilfe eines Karrens nach einem Schiffe brachte, das bestimmt war, morgen nach Mainz abzusegeln. Als die Nacht kam, trat Gutenberg, der eben den letzten Pack; Lorenz zum Besorgen übergeben hatte, mit einem brennenden Kienspane aus dem Hause und warf ihn in den aufgeschichteten Haufen. Hell loderten die Flammen empor und ernst in ihre Glut hineinschauend sprach Gutenberg laut:

»Nichts bleibe von meinem Schaffen hier zurück, als was mir geraubt worden. Möge der Same, nach dem eine sündige Hand griff, in eine gute fallen, durch sie ausgestreut werden und Wurzel fassen und dir schöne Früchte tragen, Straßburg, du liebe deutsche Stadt! Dankbar werde ich stets deiner gedenken, wie dein, du mein stilles, einsames Haus – du Stätte tiefer Leiden und hoher Freuden. Hier war das Suchen und Finden – in Mainz werde die Vollendung – und gedeiht sie der Welt zum Heile, sei nächst Gott dir die Ehre, teure Vaterstadt! – Und du, Katharina, Heilige meines Lebens, du nimm einst mein erstes großes Werk als fromme Gabe hin. Dein Auge falle zuerst segnend darauf, deine Hand falte sich zuerst betend darüber – über der gedruckten heiligen Schrift!«